MENTALE ÜBUNGEN

TORKOM SARAYDARIAN

T.S.G. Publishing Foundation, Inc.

Impressum

Titel der Originalausgabe »Mental Exercises«
von Torkom Saraydarian

Copyright © 1996 The Creative Trust
T.S.G. Publishing Foundation, Inc.
Post Office Box 7068
Cave Creek, Arizona 85327-7068
United States of America
www.tsg-publishing.com

Alle Rechte vorbehalten. Kein Teil des Werkes darf in irgendeiner Form ohne schriftliche Genehmigung des Inhabers der Urheberrechte oder seiner Vertreter reproduziert oder unter Verwendung elektronischer Systeme gespeichert, verarbeitet, vervielfältigt und verbreitet werden. Das betrifft ebenso Tonaufnahmen und Fotokopien. Es wird gestattet, frei aus dem vorliegenden Werk zu zitieren. Bezüglich weiterer Fragen setzen Sie sich bitte mit dem Herausgeber in Verbindung.

ISBN 978-3-7386-5689-3

Nummer der Kongreßbibliothek: 96-60650

Titel der deutschen Ausgabe »Mentale Übungen«
von Torkom Saraydarian

Copyright für die deutsche Ausgabe:
© 2015 - BOB BewusstseinsOrientierteBücher -
GbR Ursula Grossmann, Daniela Mohr,
Susanne Herzer, Thomas Herzer
Rappengasse 21
67365 Schwegenheim
Tel: +49 (0)6344-8622
E-Mail: info@bob-shop.online
www.bob-shop.online

Deutsche Übersetzung aus dem Amerikanischen: Monika Newiger-Yumerov

Textredaktion: Constanze Bretthauer

Grafische Gestaltung: Janina Röhrig

Herstellung und Verlag: BoD - Books on Demand, Norderstedt

Anmerkung:
Sämtliche Meditationsübungen und Visualisierungen sind als Richtlinien gedacht. Sie sollten mit Diskretion und unter professioneller Anleitung durchgeführt werden. Dieses Buch ist eine Abschrift eines Seminares, das Torkom Saraydarian gehalten hat.

Bibliografische Information der Deutschen Bibliothek: Die Deutsche Bibliothek verzeichnet diese Publikation in der Deutschen Nationalbibliografie; detaillierte Bibliographische Daten sind im Internet über <http://dnb.ddb.de> abrufbar.

Inhaltsverzeichnis

1. **Die drei Kräfte der Seele** — 7

2. **Die fünf Energien** — 13

3. **Reinigung** — 17
   Übung 1 – Reinigung des Physischen Körpers — 17
   Übung 2 – Reinigung des Astralkörpers – Teil Eins — 22
   Fragen & Antworten — 29
   Übung 3 – Reinigung des Astralkörpers – Teil Zwei — 31
   Fragen & Antworten — 35
   Übung 4 – Reinigung des Mentalkörpers — 45
   Fragen & Antworten — 48

4. **Organisation** — 51
   Übung 1 – AUM, Erste Serie — 51
   Übung 2 – AUM, Zweite Serie — 53
   Übung 3 – AUM, Dritte Serie — 54
   Fragen & Antworten — 56
   Übung 4 – AUM, Vierte Serie — 58
   Fragen & Antworten — 61

5. **Ausstrahlung** — 65
   Übung – Das Selbst — 65

6. **Kreativität** — 69
   Übung 1 – Sich selbst neu erschaffen — 69
   Übung 2 – Die eigene Arbeit neu erschaffen — 71
   Übung 3 – Gesundheit & Glück — 75

7. **Präsenz** — 77
   Übungen für Präsenz — 77

8. **Zusammenfassung** — 81

Index — 82

Kapitel Eins

Die drei Kräfte der Seele

Heute werden wir viele Übungen machen. Manche Menschen denken, dass sie alles für die Transformation ihres Wesens tun, was in ihren Kräften steht, wenn sie lesen und zuhören. Das ist nicht ganz wahr. Lesen hilft, zuhören hilft, doch dieses kreiert auch eine Menge an Verantwortung und Druck in unserem System, denn Lesen und Zuhören heißt, viele Informationen und viel Wissen anzusammeln – Energie, mit anderen Worten. Werden diese Energien in unserem Leben nicht assimiliert und transformiert, werden sie nicht zu Realitäten, dann kreiert das eine Menge Verantwortung. Es hat keine Bedeutung all das anzusammeln, wenn es nicht die Intention oder auch die Möglichkeit gibt, es zu nutzen.

Was wir heute machen werden, ist den Druck, den du um dich herum aufgebaut hast, zu verringern – das Wissen, die Informationen, eine Menge an Wahrheiten oder Unwahrheiten, die sich in deiner Aura befinden. Was immer du lernst, was immer du dir auch anhörst, all das wandert in die Tasche hinein, die wir Aura nennen. Deine Aura ist eine Tasche. Manchmal ist sie ein Müllbeutel. Manchmal ist sie eine schöne Tasche. Manchmal ist sie auch eine Bank.

Dieser Druck, die Ansammlungen in deiner Aura müssen langsam assimiliert und in Realitäten umgewandelt werden. Manchmal können wir es nicht gleich in die Realität bringen, doch wenigstens beginnen wir den Prozess der Aktualisierung in deinem Leben. Manchmal nimmst du dir vor, irgendetwas zu tun, und machst es zehn oder fünfzig Jahre später. Das ist ein Beispiel dafür, wie du die Energie in den Prozess hinein gegeben hast. Die Energie arbeitet langsam und stetig, überwindet alle Hindernisse auf dem Weg und integriert die neuen Elemente, so dass sie sich zu gegebener Zeit selbst aktualisiert.

Die Übungen, die wir machen werden, können für dich hilfreich sein, entsprechend der Ebene deines Bewusstseins oder der Ebene auf welcher du in der Lage bist, die Übungen durchzuführen. Ganz gleich zu wie viel

Prozent du sie machst, sie sind immer von Nutzen. Manch einer wird sie ernsthaft machen und wird zu hundert Prozent Nutzen daraus ziehen. Manch einer wird sie zu fünf Prozent praktizieren und zu fünf Prozent davon profitieren. Jedoch in der Zukunft können diese fünf Prozent, hundert Prozent werden.

Der zweite Gedanke ist, dass unsere gesamte Zivilisation durch unser Denken aufgebaut ist. Zivilisation ist gleich Denken. Es gibt keine Zivilisation ohne Denken. Alle unsere Körper: physischer, emotionaler, mentaler; unsere gesamte Umgebung ist das Ergebnis unseres Denkens. Wenn du dir das Buddha Sutra durchliest, dann weisst du wie ich darin erläutert habe, dass der Mensch das Ergebnis seines Denkens ist. Des Menschen Denken reguliert und konditioniert seine Beziehungen zu anderen Menschen und zur Natur. Denken ist sehr wichtig.

Die Seele des Menschen hat drei wesentliche Kräfte, die sie nutzt. **Die erste Kraft ist das Denken.** Denken ist eine Seelenkraft. Denken ist das Formulieren von Energien, Inspirationen, Intuition und Ideen. Nehmen wir zum Beispiel an, du hast ein Stück Stoff. Dieser Stoff wäre genau das Gleiche wie Inspirationen, Eindrücke und Ideen. Du zerschneidest den Stoff und nähst ein Hemd daraus. Das Hemd zu schneidern ist Denken. Denken ist Formulieren – Gestalt und Form geben. Die riesige Menge an Material die da Inspiration, Eindruck und Ideen sind, auf eine solche Weise anpassen, dass du sie im täglichen Leben anwenden kannst. Dadurch baust du Kommunikationslinien zwischen dir und dem Universum. Das ist es, was jeder Gedanke ist.

Jedesmal wenn du denkst, nimmst du von dem Material welches universell und homogen ist. Ideen, Impressionen, Inspiration zum Beispiel, all das ist homogen. Sie haben keine Form. Du wandelst sie in Formen um indem du denkst. Jeder Gedanke, jede Form, jede Gedankenform wird zu einem Kontaktpunkt zwischen dir und anderen Menschen, zwischen dir und dem Universum. Es ist wichtig für dich zu wissen, wie man denkt. Wenn du denkst, wirst du feststellen, das Denken Beziehungen herstellt. Du findest einen Ozean, schöpfst daraus einen Eimer voll Wasser, kochst es und machst es trinkbar. Das ist es, worum es beim Denkprozess geht: homogene Dinge formulieren und an das Leben anpassen.

Denken ist sehr wichtig. Wir werden Denken üben. Beim Meditieren, beim Konzentrieren, in unserem Business, in der Schule, Universität, College und so weiter. Schwierigkeiten und Hindernisse in unserem Leben sind dazu da, uns zum Denken zu bewegen. Unser gesamtes Leben stimuliert oder konfrontiert uns, um uns zum Denken anzuregen. Du hast eine Krankheit – selbst diese Krankheit ist eine Gelegenheit, dich zum Denken zu bringen. Ein Problem eröffnet sich; das Problem bringt dich zum Nachdenken. Das ganze Leben, unsere Beziehungen, Spannungen, Probleme, Neigungen und Abneigungen, Schmerz und Leiden, ökonomische Verhältnisse, politische Zustände – was auch immer in der Welt passiert, wenn du nicht tot bist, dann bringt dich all das dazu darüber nachzudenken, warum und wie diese Dinge geschehen. Das Leben bringt dich ganz langsam dazu nachzudenken, sonst kannst du nicht überleben. Wir können sagen, dass das Denken ein Mittel ist, welches uns zu überleben hilft. In der zukünftigen Welt wird es so sein, dass es dir besser geht, wenn du besser denken kannst. Der Sieg der zukünftigen Welt wird der Sieg deines Denkens sein.

Ich versuche an dieser Stelle nur einige wesentliche Punkte anzusprechen; ich werde nicht über das gesamte Mysterium des Denkens sprechen. Es ist ein sehr, sehr umfangreiches Thema und ich habe bereits mehrere tausend Seiten darüber geschrieben.

Überlege dir zum Beispiel folgende Frage: Was ist ein Geschäft? Das wahre Geschäft eines Geschäftes ist Denken. Ein großes Unternehmen wird erfolgreich, ein anders wird noch besser. Warum? Der Grund ist, dass dieses Unternehmen bessere Denker hat. Denker sehen klar die Möglichkeiten wie man Dinge miteinander verbindet, sodass man besser werden kann. Ich gebe hier nur einige Stichpunkte über die ihr nachdenken könnt. Wenn du in deinem Unternehmen nicht erfolgreich bist, dann heißt das für dich, dass du mit Hilfe von besserem Denken dieses Problem überwinden musst. Je besser du denkst, umso erfolgreicher wird dein Unternehmen sein.

Je besser du denkst, umso besser wirst du sein. Je besser du denkst, umso besser kann sich deine Seele ausdrücken und umso näher kommt sie an deine Persönlichkeit heran. Denken ist die erste Kraft der Seele. **Die zweite Kraft der Seele ist kreative Fantasie.** Kreative Fantasie ist die Dramatisierung von Gedanken. Zuerst gibt es also die Dramatisierung von Gedanken. Zum Beispiel siehst du, wie sich eine Dame in einen Mann verliebt. Später tötet der Mann sie und die Geschichte ist zu Ende. Das ist die Dramatisierung eines Gedankens. Diese wird zu einem Kinofilm. Du fügst noch eine Million Dinge hinzu und machst daraus einen Drei-Stunden-Film. Das ist das Dramatisieren eines Gedankens, eines Ereignisses. Ein Ereignis ist die Verwirklichung eines Gedankens. Was immer du in deinem Herzen denkst, das wirst du auch sein.

Wir sehen also, die zweite Kraft der Seele ist kreative Fantasie, doch diese ist nicht nur einfach Fantasie. Psychologen, Psychiater und Philosophen haben einiges durcheinander geworfen. Sie wissen nicht wirklich was Tagtraum ist, was Vorstellung, kreative Fantasie, was Visualisierung ist. Es ist ein einziges Chaos.

Kreative Fantasie ist die Dramatisierung von Ereignissen, die das Ergebnis unserer Gedankenformen sind. Kreative Fantasie zu haben heißt, dass du ein Genie werden kannst, ein großer Künstler, ein wunderbarer Musiker, denn du weißt, wie man einen Gedanken und ein Ereignis bearbeiten kann. Zum Beispiel habe ich mir den Grand Canyon vorgestellt und über ihn nachgedacht. Ich wollte meine kreative Fantasie nutzen, um den Grand Canyon in Musik auszudrücken. Das ist, was mit kreativer Fantasie gemeint ist. Hast du dir diese Musik auf der CD »Infinity« angehört?

Nehmen wir ein anderes Beispiel. Such dir etwas aus, sagen wir du siehst einen Berg. Deine Dramatisierung des Berges kann ein fantastisches

Gemälde sein. Es ist nicht nur ein Berg. Du gibst in dein Bild verschiedene Bedeutungen, unterschiedlichste psychologische und philosophische Einsichten und Tiefen hinein, und so wird es mit Hilfe deiner kreativen Fantasie ein wahres Schauspiel. Kreative Fantasie lässt expandieren und verbindet das Schauspiel mit vielen, vielen Schichten des Bewusstseins.

Bei der Musik vom Grand Canyon fühle ich zuerst Ehrfurcht, dann sehe ich die Berge und Täler, dann kleine Bäume und dann fasse ich alles zusammen. Dann habe ich Angst, dann fühle ich Liebe, dann verliere ich mich, dann sehe ich den Fluss und so weiter. Die ganze Psychologie ist enthalten. Das ist ein Beispiel für kreative Fantasie. Du kannst das auch machen. Du siehst ein wunderschönes Mädchen und schreibst ein langes Gedicht »Meine Liebe...« und so weiter. Mit kreativer Fantasie kannst du alles machen, was du willst.

Die dritte Kraft der Seele ist die Visualisierung. Visualisierung ist die Anwendung von Energie für die Selbst-Transformation. Energie folgt dem Gedanken. Das Nutzen von Energie und Gedanken wird zur Visualisierung. Visualisierung wird immer von deinen Erwartungen an die Zukunft und deinen Visionen kontrolliert. Durch Visualisierung materialisiert sich die Vision und erreicht dein Leben. Durch die Nutzung von Energie und kreativer Fantasie wird deine Vision fassbar.

Der Gedanke hat keine kreative Fantasie und Fähigkeit zur Visualisierung. Es ist eher so, dass kreative Fantasie Gedanken hat und kreative Fantasie. Visualisierung hat Gedanken, kreative Fantasie und Visualisierung. Alle diese drei werden in der kreativen Visualisierung miteinander verbunden.

Kreative Visualisierung oder Visualisierung ist die Nutzung von hohen Energien – spiritueller Energien, solarer Energien und kosmischer Energien – um zu transformieren, zu transfigurieren und unsere künftigen Körper aufzubauen, unsere künftigen Beziehungen, die künftigen Ereignisse in deinem Leben und die Bereiche, wo du künftig deinen Dienst tun kannst. Was immer du visualisierst ist kraftvoll. Wenn es aufrichtig und wahrhaftig ist, dann wird dir die Natur all ihre Energie zur Verfügung stellen, damit du deine Visualisierung in die Realität bringen kannst. Das ist so, weil die Natur einem Gesetz folgt, welches besagt, dass wenn man ein Loch gräbt, das Wasser es füllen wird. Das ist ein Gesetz. Zum Beispiel gehst du zum Ozean und machst eine kleine Rinne vom Wasser aus bis zum Sand. Das Wasser wird der Rinne folgen. Visualisierung ist genau das Gleiche. Du kreierst Formen, die die Natur auffüllt. Betrachtet man es philosophisch, dann kreiert Visualisierung ein Vakuum im Raum, welches von der Natur gefüllt werden muß. Denkst du darüber nach und nutzt deine kreative Visualisierung, dann kann aus dieser Idee ein ganzes Buch werden. Das ist kreative Visualisierung.

Heute werden wir kreative Visualisierung oder einfach Visualisierung in fünf Etappen anwenden. Ab sofort machst du die Arbeit und ich werde dich dabei beobachten. Deine Batterien mit Worten und Wissen aufzuladen bedeutet gar nichts, du selbst musst jetzt die Bedingungen schaffen, wo du die Energien anziehen und sie in deinem Leben zum Wirken bringen kannst.

Eine Stunde Visualisierung ist genauso viel wert, wie dreißig Stunden Lesen. Aus dem einfachen Grund, weil es praktisch ist. Du arbeitest zum Beispiel dreißig Tage hart für ein schönes Abendessen. Das Mahl ist in einer Stunde aufgegessen, daher ist das Essen selbst sehr wichtig.

Die fünf Energien

In der ersten Übung, die wir machen werden, geht es um **Reinigung**. Es gibt keine:

- konstruktive Aktivität
- Erfolg
- Fortschritt
- Gesundheit
- Freude

... wenn die Basis hierfür nicht gereinigt ist.

Die zweite Übung ist »**Organisation**«. Du richtest dir neue Mechanismen ein, neue Vehikel, neue Gedanken, neue Formen um in der Lage zu sein, all die Energien, die du erhältst, nutzen zu können.

In der dritten Übung geht es um **Ausstrahlung**. Damit du nicht alles in dir anstaust und zu einem Ballon wirst, wirst du die Energien wieder ausstrahlen – einfach wieder ausstrahlen.

Die vierte Übung ist »**Kreativität**«, die Nutzung der Energien für konstruktive Dinge.

Die fünfte Übung beschäftigt sich mit »**Druck**«. Dies beinhaltet die Realität, dass du dich selbst entdeckst. Dies sind die Themen, mit denen wir uns beschäftigen werden.

Was die Übungen bewirken

Während wir die Übungen praktizieren, werden sich verschiedene Dinge ereignen. Das Wichtigste, das geschieht – welches du einige Zeit noch nicht sehen kannst und auch nicht sofort erfühlen – ist, dass eine Menge Energie, die in deiner niederen Natur versteckt ist, einen Prozess der Sublimierung durchlaufen wird. Es gibt in dir einen Behälter, der jede Menge ungenutzte Energien – Benzin, Öl, verschiedenste Erze und so weiter, enthält. Sie sind alle da in ihren vermischten Zuständen. Die Visualisierung verfeinert sie, transformiert sie, transmutiert und sublimiert sie und macht sie nutzbar für die höheren Zentren. Es ist eine enorme, psychologische Übung, die eine große Heilkraft besitzt. Das Erste, was sie bewirken wird, ist – und das ist sehr schön –, dass sie dein Wesen transformiert. Die Aspekte deines Wesens, die latent in dir ruhen und ungenutzt sind, diese ungenutzten Energien, erreichen langsam die höheren Zentren und bringen sie in die Aktivität. Du nutzt sie dann in deinem Denken, in deinen Gefühlen, deinen Taten, in deinen Beziehungen und in deiner Kreativität.

Das Zweite, das Visualisierung bewirkt ist, dass sie Energien aus höheren Sphären wachruft. Von deiner Seele, von deinem Sonnenengel, von spirituellen Wesen, von der Hierarchie, von Lehrern und Meistern, aus dem Universum.

Auch etwas anderes geschieht. Du bekommst neue Energien und diese neuen Energien können in deinem Geist verschiedene Konflikte hervorrufen. Zum Beispiel könnte solch ein Konflikt sein: »Ich bin schön, aber gleichzeitig bin ich so hässlich. Ich möchte großartig sein, aber ich fühle mich so erniedrigt – zur gleichen Zeit.« Die höheren Energien enthüllen fortgeschrittene Visionen, und sie enthüllen ebenfalls die Glorie, die in dir verborgen liegt. Doch zur selben Zeit siehst du in ihrem Licht die Schwächen deiner Persönlichkeit, was in dir Konflikte kreiert. Beide Seiten deiner Natur kommen zum Vorschein. Solcherart Konflikte sind gut, denn wenn du deine niedrigen und höheren Polaritäten klar siehst, dann kreierst du Balance zwischen ihnen, und wirst letztendlich vielleicht zu einem, der »unveränderlich« ist. Das sind nur kleine Hinweise. Jedes Thema für sich würde eines eigenen Seminars bedürfen.

Du kannst die Übungen entsprechend deiner Tiefe, deiner Aufnahmefähigkeit für Druck und deiner Aufrichtigkeit praktizieren. Mein Vorschlag ist es, es einfach auszuprobieren. Versuche die Übungen jedes mal etwas besser zu machen. Ich denke, wenn wir diese Sitzung beendet haben, du wirklich gelernt haben wirst, wie man visualisiert. Es ist gar nicht schwer und sehr natürlich. Der Tibetische Meister sagt, dass alle großen Dinge im Universum das Ergebnis von Visualisierung sind. Gott visualisierte. Kannst du dir vorstellen, dass unser Planetenlogos solch eine Erde mit Millionen von Insekten, Tieren, Menschen und alle, möglichen Phänomene visualisierte? Kannst du dir vorstellen, wie Er all diese Dinge gesehen hat? Und als Er all das sah, sagte Er: »Das ist gut. So sei es.« ... und es wurde. Die Natur reagierte ohne Verzug auf die Visualisierung.

Das wird dein Leben sein. Das Visualisieren ist mit deiner Zukunft verbunden und dient dazu, deine Zukunft fantastisch zu gestalten. Nicht nur dieses Leben, nicht nur für ein Leben.

Einmal las ich, dass es dreihundert Jahre gedauert hat einige Kathedralen in Italien zu bauen. Einige deutsche Festungen wurden im Laufe von vierhundert Jahren gebaut. Viele Generationen dauerte es, doch schlussendlich wurden die Gebäude fertiggestellt. Auf diese Weise wirst du es auch machen. Du beginnst jetzt mit dem Bau und später in den nächsten Leben, oder ganz plötzlich schon in diesem, wirst du die Ergebnisse deiner Visualisierung sehen.

Kapitel Drei

Reinigung

Übung 1

Reinigung des Physischen Körpers

– Nun werden wir beginnen. Als erstes machen wir es uns bequem. Vergiss deinen Körper und deinen Stuhl und mache es dir wirklich bequem. Du weißt nicht, was du für einen großen Spaß haben wirst. Schließe deine Augen und entspanne deinen Körper und fühle dich glücklich. Sei glücklich.

– Konzentriere oder fokussiere dein Bewusstsein in deinem Kopf. Entferne dein Bewusstsein von deinem Körper, Emotionen und Verstand und bringe dein Bewusstsein zwischen die Augenbrauen. Du bist nicht an anderen Stellen deines Körpers, du bist zwischen deinen Augenbrauen – draußen, nicht im Körper.

– Jetzt visualisiere einen Wasserfall, einen fantastischen Wasserfall, irgendwo, wo du möchtest. Ich war in Brasilien und sah die Wasserfälle dort. Mein Gott, die sind wunderbar. Du kannst dir aber auch einen eigenen erschaffen.

– In Ordnung, jetzt ziehe deine Kleider aus und gehe in den Wasserfall und fühle das Wasser. Es ist so schön. Mache es so echt du kannst. Versuche zuerst deinen Körper zu waschen. Siehe, wie sich Schmutz von deinem Körper löst, Schmutz und Staub und viele andere Dinge; das Wasser reinigt, reinigt dein Haar, deinen Kopf, deinen Rücken, deine Brust, deine Beine und überall. Du wirst sauberer und sauberer. Fühle die Energie. Fühle die Ionen. Fühle den Druck. Fühle die Kühle. Mache es so kalt, dass es für dich angenehm ist. Je »wirklicher« du es machst, um so mehr wirst du davon profitieren. Lass deinen Verstand nicht wandern. Sei nur unter dem Wasserfall. Du hast jetzt ein paar Minuten Zeit. Stehe nur unter dem Wasserfall und reinige deinen Rücken, deine Haare, deine Hände und genieße wie ein kleines Kind. Dies lehrt dich beides, zu visualisieren und wie du davon profitieren kannst.

Du wirst etwas schwitzen. Das ist okay, aber mache das Wasser etwas kälter. Sieh, was mit den Tropfen passiert, dem Wasser und der Strömung, sieh, wie fantastisch sie sind. Das Wasser fließt über deine Nase, dein Haar und deine Hände. Es trifft deine Schultern, Rücken und Vorderseite und überall. Fühle es einfach. Du bist ein Kind. Lege dich hin und fühle wie es sich über dich ergießt. Drehe dich um. Mache alles was du möchtest. Mache es wirklich. Jetzt da du die Energie auf deinem Körper empfängst, sage:

»Reinige mich, oh Herr, mit deiner Energie. Reinige meinen Körper.«

– Jetzt im nächsten Schritt, visualisiere, dass das Wasser in alle inneren Organe eindringt und sie reinigt. Dein Gehirn ist offen und wird gereinigt. Dein Gehirn ist offen, dein Herz ist offen, deine Lungen sind offen. Du duschst dich innen, außen. Öffne deinen Mund. Lass es auch dort hinein. Dein Magen wird gewaschen, deine Eingeweide, Gedärme werden gewaschen. Du hattest noch niemals solch eine Reinigung wie diese.

– Jetzt dein Harnsystem (Nieren, Harnleiter, Blase, Harnröhre) wird gewaschen, deine Nase, deine Nebenhöhlen, deine Ohren. Energie folgt dem Gedanken. Du setzt viel Energie in dein System und reinigst es – deinen Lungen, deine inneren Muskeln, deine Knochen, deine Bauchspeicheldrüse, deine Leber. Das Wasser durchdringt alles. Alles wird gereinigt. Mikroben, Bakterien, Viren, werden ausgeschwemmt.

– Dehne deine Hände und in deiner Vorstellung sieh, wie das Wasser aus deinen Fingern und Zehen kommt und aus deiner Nase, aus deinen Augen, aus deinem Mund. Du nimmst eine wirkliche Dusche. Sage: »Herr, reinige mich von den Beschwerden meines Körpers.«

– Alles, was schmutzig ist, spüle es aus: Bakterien, Mikroben, Viren. Nimm eine nette Dusche, innen und außen.

– Gib nicht auf. Mache es mehr und mehr »wirklich«. Das ist eine Gruppentherapie. Schaue und sehe wie das Wasser aus deinen Ohren kommt und alles reinigt. Wo immer du ein Problem hast, sieh, wie das Wasser dort rauskommt. Deine Augen werden von innen gewaschen, von außen; dein Gehirn wird gewaschen, weil Wasser elektrische Energie ist. Es ist Sauerstoff und Wasserstoff, welches Feuer ist. Es ist ein Feuer, ein flüssiges Feuer.

– Jetzt spiele dort, hüpfe und schreie. Sei glücklich. So wirklich, wie möglich du es machst, bis zu dem Grad profitierst du davon. Wasche deine Wirbelsäule, innen und außen, so dass, wenn du raus kommst, man sagen wird: »Welch eine Schönheit.« Setze dich dem Wasser einhundert Prozent aus, mit der Intention, dass du in einem Reinigungsprozess bist, totale Reinigung.

– Öffne jetzt deinen Mund und trinke. Trinke das Wasser und dann entferne es, jedesmal sauberer. Du überholst dich selbst. Als nächstes konzentriere dich auf deine Ohren, und wie das Wasser aus deinen Ohren rauskommt, wie aus einem Schlauch. Sieh, wie der Schmutz herauskommt, Eiter kommt heraus, einige Insekten und Staub kommen heraus.

– Mache das gleiche jetzt mit deinen Augen. Deine Augen sind wie zwei große Löcher, aus denen Wasser hervorschießt.

– Nimm deine Nase, das Wasser fließt heraus. Der ganze Schmutz kommt aus deiner Nase heraus. Dreckige Dinge kommen heraus, die ganzen Nebenhöhlen – reinigend.

– Noch mal dein Mund – und lass das Wasser auf deinen Kopf fließen, lass es rein fließen und dann raus aus dem Mund. Der ganze restliche Schmutz kommt heraus. Visualisiere gut.

– Jetzt visualisiere, dass Wasser durch deine Hände und Finger strömt, zehn Finger. Lass es dir Spaß machen – stelle dir vor, alle deine Finger sind Schläuche. Dies reinigt alle deine Meridiane. Jetzt mache das Gleiche mit deinen Zehen. Wasser reinigt all diese magnetischen Linien.

– Jetzt schließe deine Ohren, Augen, Nase, Mund, Zehen und Finger, so dass kein Wasser mehr herauskommt. Lasse das Wasser hereinkommen und schwelle an, und schwelle an, dann lass es aus allen Poren deiner Haut strömen. Überall aus deiner Haut strömt Wasser aus. Es ist fantastisch.

– Jedes deiner Haare ist wie ein Schlauch. Lass es aus den Schläuchen weiterströmen. Du bist wie ein Fass, das Millionen Löcher hat. Die Poren deiner Haut lassen das Wasser überall herausströmen. Jetzt überprüfe deinen Körper von A bis Z. Sei sicher, Wasser strömt aus. Überprüfe deinen Körper. Wenn an irgendeiner Stelle nichts ausströmt, bringe Wasser dorthin und lasse es strömen – Nase, Ohren, Augen usw. Lass es jetzt aus deinen Haaren strömen, von deinem Gesicht, dem Hinterkopf, deinen Nakken, wie ein Rasensprenger. Sieh, wie das Wasser aus dem gesamten Rücken schießt, hundert Meter und mehr. Von deiner Brust jetzt, von deinem Unterkörper; und jetzt von deinen Knien, von deinen Füßen und von deinen Armen – siehe, es strömt aus. Jetzt sieh, wie aus jeder Seite deines Körpers Wasser herausströmt. Überprüfe, und sieh ob es wahr ist, dass aus jedem Teil deines Körpers Wasser ausströmt. Zuerst sieht es etwas schmutzig aus, aber dann wird es sauberer und sauberer. Mache es so lange, bis reines Wasser kommt.

Fantastisch!

– Jetzt langsam komme aus dem Wasserfall, und setze dich auf einen Felsen, und fange an mit den Füßen im Wasser zu spielen. Sieh', wie schön alles ist, und wie ei kleines Reh dich anschaut und fragt: »Was macht dieser Mensch da?« Plötzlich siehst du, wie das Reh in den Wasserfall geht und das Gleiche macht, was du gemacht hast.

– Reibe deine Hände aneinander. Stelle dir den Platz vor, wo du sitzt, und öffne deine Augen.

Dies ist eine Millionen-Dollar Übung. Wenn du sie zweimal in der Woche machst, wirst du sehen, was passiert. Es wird gut für dich sein.

Übung 2

Reinigung des Astral-Körpers
1. Teil

Schließe deine Augen und entspanne dich. Diese Übungen sind sehr fantastisch. Es gibt keine Nebenwirkungen, nichts. Sie sind konstruktiv, kreativ und transformativ. Entspanne deinen Nacken. Manche Nacken sind verspannt. Lass deine Schultern hängen. Nur entspannen. Je mehr du entspannt bist, um so mehr kannst du von der Übung profitieren. Verspannung in deinen Muskeln verhindert richtiges Visualisieren. Dein ganzer Körper muß total entspannt sein.

– Jetzt stelle dir einen anderen oder den gleichen Wasserfall vor. Wenn du den Wasserfall erreicht hast, lege dich hin. Du bist nicht im Wasserfall, aber sehr nahe daran. 10 Meter vielleicht. Lege dich hin. Du bist völlig nackt. Lasse deinen physischen Körper dort, und gehe mit deinem astralen Körper in den Wasserfall. Der Astral-Körper ist genau wie dein physischer Körper, aber er sieht sehr silbrig und transparent aus. Du kannst auf deinem astralen Körper viele Flecken sehen, schwarze Flecken, schmutzige Flecken, dunkle Flecken. Sie heißen **Ärger, Angst, Hass, Eifersucht, Rache, üble Nachrede, Bosheit.** Alle diese Flecken sind wie Asphaltbelag auf unseren Astral-Körper aufgedruckt.

– Jetzt benenne diese Flecken. Z.B. sagst du: »Das ist **Ärger**, das ist **Eifersucht**, das ist **Angst**, das ist **Hass**.« Jetzt siehst du, wie der Wasserfall sie reinigt, langsam, langsam. Erst benenne sie. Schaue, um zu sehen, wo sie sich befinden. Das ist ein sehr wissenschaftlicher Prozess, und du wirst sehen, dass viele Flecken nicht weg sind. Sie sind wie Asphalt, der an deinem Astral-Körper klebt – weil sie »Wesen« sind. Deine Anstrengung wird es sein, sie zu reinigen.

– Innerhalb deines Astral-Körpers, unter dem Wasserfall, denke, dass das Wasser Liebesenergie ist. Du stehst unter einer Dusche aus Liebesenergie, aus Energie des Mitgefühls, das beste reinigende und heilende Mittel in der Welt. Nimm dir Zeit und reinige dich. Schaue ab und zu zu deinem physischen Körper, und wie er daliegt, als wäre er ein lebloser Körper, so dass es für dich immer realer wird. Fange mit deiner Angst an. Schaue, ob es sich klärt. Stelle dir einen heftigen Wasserfall vor. Lass das Wasser überall auftreffen, wo Flecken sind. Es kann in der Nähe deines Kopfes sein, es kann an vielen anderen Stellen sein. Diese dunklen Emotionen erscheinen exakt als schwarze Flecken in deinem Astral-Körper, aber sei nicht beunruhigt, du wirst schließlich fähig sein sie zu reinigen.

– Jetzt arbeitest du an der **Angst**. Reinige die **Angst**, wo immer der schwarze Fleck ist. Vielleicht dünn und wellig, wie eine Schlange; vielleicht ist er überall ausgebreitet. Wasche ihn.

– Jetzt wasche den **Ärger**. Sie werden nicht alle auf einmal weggewaschen werden, aber das Schwarze wird etwas verschwinden.

– Nun der **Hass** – je mehr du dich von Hass reinigst, umso gesünder wird dein Emotional- und physischer Körper sein.

– Jetzt nehme die **Eifersucht**. Sie ist etwas gelb-farben, gelblich mit schmutzigem Schwarz darin. Es kann in der Nähe deines Solarplexus sein, nahe deines Herzzentrums. Es kann auf deiner Schulter sein, auf der Brust. Arbeite sehr intensiv, um den gelben Schmutz zu entfernen.

– Jetzt sieh die **Rache**, sie ist ein anderer Fleck, irgendwo.

– Sieh die **Bosheit**. Nun schaue auf deinen ganzen Astral-Körper, gesprenkelt mit vielen schwarzen Elementen. Stehe im Wasser, und lasse das Wasser sich stark über dich ergießen, bis alles langsam, langsam wegschmilzt. Versuche mit dem »Liebes-Fall« zusammen zu arbeiten, so dass er dich reinigt. Wenn du siehst, dass etwas widersteht und nicht gereinigt werden möchte, gib all deine Aufmerksamkeit dorthin, um es zu reinigen, egal, was es ist. Wasser ist Feuer und Gott ist in diesem Feuer.

– Wir konzentrieren uns auf sechs Dinge: **Angst, Ärger, Hass, Eifersucht, Rache** und **Bosheit**. Schau und sieh, welches weg schmilzt und welches widersteht und wo immer es widersteht, konzentriere den Wasserfall dorthin. Dies wird deine physischen Krankheiten behandeln, welche das Ergebnis der Krankheiten deines Astral-Körpers sind.

– Jetzt konzentriere dich auf deinen astralen Kopf. Reinige ihn von diesen sechs Dingen. Wenn dort immer noch Flecken sind, konzentriere dich auf deine Schultern, Arme und Hände. Reinige jeden Fleck, der hässlich, heimtückisch, verschmutzt ist.

– Jetzt gehe in deinen Brustbereich; reinige deine astrale Brust. Schaue wieder einmal zu deinem physischen Körper, so dass du dich nicht mit ihm identifizierst, und sieh jetzt, dass du einen silberfarbenen, transparenten Astral-Körper hast.

– Mache mit deiner Brust weiter. Konzentriere dich darauf, mit dem ganzen Wasserfall, der auf deine Brust niedergeht. Wenn dort Flecken sind, reinige sie so gut du kannst.

– Jetzt gehe zu deinem Unterleib. Liege auf deinem Rücken in deinem Astral-Körper, und lass den Wasserfall auf dich herunterrauschen, Millionen Tropfen in einer Sekunde. Jetzt lass ihn deine Beine treffen – jetzt deine Oberschenkel, Fersen, Füße.

– Sieh' deinen Darm, durchsichtig; dann deine Knie, durchsichtig. Schaue und siehe, ob es dort Flecken gibt. Normalerweise, immer wenn du Probleme in deinem physischen Körper hast, wirst du Flecken am gleichen Platz im Astral-Körper sehen. Lege dich jetzt auf den Bauch. Lass den Wasserfall auf den ganzen Rücken auftreffen und jeden Teil von ihm reinigen; fange an zu sehen, dass einige schwarze Flecken verblassen. Weil du keinen Körper hast, bist du gewichtslos, so gehe hoch und runter in dem Wasserfall, in deinem Astral-Körper. Du bist gewichtslos. Du hast keinen dichten Körper – er liegt dort drüben. Setze deinen Astral-Körper dem Wasserfall, mit der Innenseite nach außen, Außenseite nach innen, aus. Das ist kein Witz. Das ist eine sehr wichtige Lebensübung.

– Jetzt überprüfe deinen Astral-Körper, ob es noch einen Platz gibt, der immer noch nicht sauber, von **Angst, Ärger, Hass, Eifersucht, Rache, übler Nachrede** und **Bosheit** ist. Wo immer es noch Stellen gibt, versuche sie mit deiner Hand zu reinigen. Reibe sie, und wenn sie sich nicht weg reiben lassen, schneide das Gebiet raus, und wirf es weg und sieh', wie der Astral-Körper den Schnitt auffüllt. Dies ist eine spirituelle, chirurgische Behandlung. In ein paar Minuten musst du fühlen, dass du dich reinigst und säuberst.

– Überprüfe deinen Astral-Körper noch mal, beginnend mit den Beinen. Schau, ob du irgendwelche Schmutzflecken auf deinen astralen Beinen hast, nämlich wenn du Flecken hast, ist das eine Quelle für zukünftige Krankheiten. Astrale Krankheiten brauchen acht bis neun Jahre, um sich physisch zu zeigen. Jetzt schaue auf deinen Unterleib. Hilf deinem Bewusstsein zu denken, dass du einen Astral-Körper hast, dass du in deinem Astral-Körper bist. Du bist nicht der physische Körper. Fokussiere ganz klar, weil du vielleicht in deinen physischen Körper zurückfällst. Fahre fort zu denken, dass du jetzt astral funktionierst. Auf deinen Unterleib schauend, sieh', ob dort einige Flecken sind, wenn ja, reinige sie unter dem Wasserfall. Jetzt gehe in die Mitte deines Unterleibs. Schau ob dort Flecken sind. Versuche sie zu reinigen. Gehe wieder zum Brustbereich, zu deinen astralen Rippen und dann zu deiner gesamten Brust. Sehe deinen Astral-Körper als reines Licht, durchsichtig silbern.

– Jetzt gehe zu deinem Nacken, Gesicht, Stirn. Sieh, ob dort Flecken sind. Überprüfe den Scheitel deines Kopfes. Nun schaue auf den Hinterkopf. Wenn es dort Flecken gibt, reinige sie. Schaue von hinten auf deine Schultern, dann die Wirbelsäule hoch und runter und rundherum. Mache sie klar, richtig klar, kristallklar. Schaue auf deinen Rücken – dein Gesäß, mache alle klar und rein. Schaue auf die Rückseite deiner Beine; sieh alles gereinigt und sauber.

– Überprüfe nochmals deinen Astral-Körper und sieh', wo die Flecken noch Reinigung benötigen. Konzentriere das Wasser darauf, bist du fühlst, dass du eine »Reinigungsdusche« genommen hast. Jetzt gehe zu deinem physischen Körper und schaue, was er dort im Sand macht. Bemerke, dass dein Körper ziemlich heiß ist und mit Sand beschmutzt ist. Gehe in deinen Körper, reibe deine Handflächen aneinander und erinnere dich daran, an welchem Platz du bist. Öffne deine Augen.

Es ist bis heute beklagenswert, dass die meisten Menschen bislang ihre verschiedenen Körper nicht einzeln nutzen; einen als Wagen zum Beispiel; einen als ein Boot – den Astralkörper; einen als Flugzeug – den Mentalkörper. Das sind sozusagen unsere Vehikel. Es braucht Zeit und ein wenig Übung, bis sich das Bewusstsein unseres Gehirns daran gewöhnt hat. Wenn du dich daran gewöhnt hast, dann wirst du zum Beispiel innerhalb einer Minute der Meditation in der Lage sein, deine Astralkörper zu erreichen, die Depression dort in einer Sekunde zu reinigen und zurück zu kommen. Depression ist ein schmutziger Fleck in deinem Astralkörper. Dein Astralkörper schickt das Gift zu deinem physischen

Körper und dein physischer Körper wird krank. Manchmal, wenn die Mikroben astraler Natur sind, sind die Ärzte nicht in der Lage irgendetwas zu tun, denn sie kommen immer wieder in den physischen Körper hinein. Der Astralkörper ist die Quelle für neunundneunzig Prozent unserer Krankheiten.

Fragen & Antworten

Frage: Wird man bei dieser Übung zum Astralkörper oder beobachtet man ihn nur?

Antwort: Du wirst zum Astralkörper. Wir reden hier nicht über Phantasien. So wie du einen physischen Körper besitzt, so hast du auch einen Astralkörper. Du legst deinen physischen Köper beiseite und agierst jetzt durch deinen Astralköper. Für all jene, die mit der Reinigung noch nicht fertig geworden sind, werden wir noch mal zum Anfang zurückgehen. So können wir in zehn bis fünfzehn Minuten so viel reinigen, wie wir schaffen. Diesmal wirst du dir aber noch mehr Mühe geben, denn das ist eine großartige Möglichkeit, all den astralen Müll loszuwerden, den du mit dir herumträgst. Nehmen wir an, du hast noch sechs verschiedene Flecken. Du ersetzt **Boshaftigkeit** durch **Depression**. Depression kann ebenso in den anderen Körpern existieren. Sie kann physisch sein, emotional oder mental. Aber es zeigt sich im Astralköper besonders signifikant, besonders auffällig. Man kann Depression im Astralkörper sehen. Danach wird dein Geist depressiv und folgend dein Köper.

Der Astralkörper ist sehr gefährlich. In der antiken Literatur wird der Astralkörper auch die Hure genannt. Wenn man in der verschiedensten Literatur, auch der religiösen, den Begriff der Hure findet, dann ist an dieser Stelle der Astralkörper gemeint. Er verschmutzt den einen Liebhaber, er verschmutzt den anderen Liebhaber. Er äfft mit beiden Seiten herum. Nun wirst du die Hure in deinem Astralkörper reinigen. Die meisten von uns, wir alle sind mehr oder weniger Prostituierte. Verstehe mich nicht falsch! Ich spreche aufrichtig darüber, was es bedeutet. Wir werden das aus unserem Wesen auswaschen.

Frage: Was ist mit Schuld?

Antwort: Natürlich gibt es hier Schuld. Jedesmal wenn du etwas auf der physischen, emotionalen oder mentalen Ebene falsch machst, wird das in deinen Köper eingeprägt. Deshalb war Christus in der Lage, der Frau am Brunnen etwas über sie selbst zu sagen. Als er das Mädchen sah, fragte Er:»Kann ich etwas Wasser bekommen?«.»Ich kann dir kein Wasser geben.« antwortete sie. Christus sah sie an und sprach:»Ich kann dir sagen, dass du fünf Ehemänner gehabt hast.« Sie war sehr überrascht und fragte Ihn:»Woher weisst du das?«. Er hatte es in ihrer Aura, beziehungsweise in ihrem Astralköper gesehen, fünf Ehemänner. In deinem Astralkörper ist alles aufgezeichnet.

Frage: Einige der dunklen Flecken fühlten sich an wie ein hartnäckiger Schorf. Ich musste ihn herausziehen, doch der Schorf hatte kleine Wurzeln. Was kann ich tun, um die Wurzeln zu entfernen?

Antwort: Arbeite an dieser Stelle weiter. Ziehe sie heraus. Verbrenne sie. Schneide sie ab. Wirf sie weg. Werde all das los, denn jetzt beginnst du zu spüren, dass es dort etwas gibt. Wenn es da ist, musst du es mit Hilfe der Übungen loswerden. Es gibt nichts anderes. Medizin kann deinen Astralköper nicht erreichen. Für jede Krankheit oder für die Beschwerden, die du in deinen drei Körpern hast, existiert in jedem einzelnen der Köper auch das Gegenmittel. Jeder hat die Macht, sich selbst zu reinigen, doch du musst herausfinden auf welche Art und Weise. Bringe deinen Köper, ganz gleich welcher es ist, in den Prozess des Reinigens.

Erinnere dich daran, dass dieses Wasser kein ganz normales, natürliches Wasser ist. Es ist **Liebe, Liebes-Wasser,** welches dich liebt. Wenn die Liebesenergie den Schmutz erreicht, dann nutzt sie die Liebe, um ihn zu reinigen; sie verbindet sich damit und zieht ihn hinaus. Liebe ist Einheit. Wasser läuft an der Oberfläche entlang, Liebe aber dringt ein, sie nimmt den Schmutz auf und trägt ihn hinaus.

Übung 3

Reinigung des Astral-Körpers
2. Teil

– Lasst uns wieder anfangen. Es ist nicht leicht, aber du sparst eine Menge Geld in Zukunft, die für Krankheit ausgegeben würde.

– Schaue deinen Astral-Körper an. Gehe in deinen Astral-Körper. Gehe in den Wasserfall. Stelle dir vor, du nimmst deinen Astral-Körper. Lasse deinen physischen Körper am Strand. Jetzt schaue auf deinen physischen Körper. Spiele mit einem Bein deines physischen Körpers und sieh, ob es wie leblos ist. Gut – es ist leblos. Prüfe deine Hände. Diese sind auch leblos.

– Schließe seine Augen und sage: »Bleibe da.« Es ist so, wie ein paar Jeans, die du ausziehst und in die Ecke wirfst.

– Jetzt bist du der Astral-Körper. Du bist eine transparente, silberähnliche Qualle, aber in Form eines Menschen. Du betrittst den Wasserfall, und der Wasserfall ist Liebesenergie. Jeder Tropfen ist Liebe. Es ist anregend, reinigend und säubernd für dich, und speziell verwandelnd für dich.

– Sieh noch mal die schwarzen Flecken auf deinem Körper, und lass die Liebesenergie sich über die ganze Eifersucht, Rache, Hass, Angst und Depression ergießen. Schau, wie sie weggewaschen werden. Drehe deinen Körper in jede Richtung und sieh', wie der Liebes-Wasserfall ihn reinigt. Der Liebes-Wasserfall ergießt sich über deinem Gesicht – fühle es, wie schön es ist. Reinige von deinem Gesicht jeden Schmutz, den du dir vorstellen kannst. Dein astrales Gesicht ist schrecklich. Reinige es jetzt gleich, denn du versteckst alles in deinem astralen Gesicht. Reinige es. Mache dein astrales Gesicht richtig glänzend. Morgen wirst du sehen, dass dein Gesicht anders ist. Das ist kein Witz. Mache dein Gesicht so sauber, das astrale Gesicht, mit Liebesenergie, die jede Zelle deines Astral-Körpers durchdringt.

– Entspanne das Gesicht – deine Augenlider, deine Nase, deine Lippen, deine Ohren. Fühle wie die Energie dich trifft, Lass es nicht nur deine Vorstellung sein. Fühle jetzt, dass es wirklich so ist.

– Gieße das Liebes-Wasser in deinen Hals. Dein Hals ist mit Millionen dummen Dingen, die du gesagt hast, verunreinigt. Reinige deinen astralen Hals. Jetzt öffne deinen Mund, und lass deinen Mund die Energie aufnehmen, so dass es jedes schmutzige Ding in deinem astralen Mund reinigt. Er ist transparent.

– Jetzt gieße es in deine astralen Ohren. Da ist soviel Dreck angesammelt vom Tratsch und übler Nachrede der Leute. Reinige es. Du brauchst diese Dinge nicht.

– Jetzt reinige deine Nase. Verändere deine Position und lasse das Wasser in deine Nasenlöcher fließen. Nimm das Wasser durch die Nasenlöcher auf und blase es aus, bis es sauber ist. Spüle sauber nach.

– Jetzt deine Schultern

– Jetzt noch mal die Brust. Schau, ob es schwarze Flecken gibt. Arbeite an ihnen. Reinige sie, wasche sie. Jetzt schaue deinen Rücken an, Bauchbereich, Arme.

– Reinige deine Arme, denn die astralen Arme sind schmutzig vom vielen Unfug den man mit ihnen gemacht hat.

– Schaue auf deine Beine, unterer Bereich des Unterleibes, Organe. Reinige sie vollständig.

– Jetzt stehe wieder im Liebes-Wasser und nimm eine anschließende Dusche. Dann gehe zu deinem Physischen-Körper, gehe hinein und stehe auf. Laufe im Wasser herum und fühle dich großartig und sage:

»Oh Herr, ich bin etwas sauberer.«

– Erinnere dich, wo du bist. Reibe deine Handflächen aneinander, reibe dein Gesicht und öffne langsam deine Augen.

Es gibt viele Gebete, die sagen: »Reinige mich, O Lord. Reinige mich, O Lord. Reinige mich, O Lord.« Ich möchte wieder an diesen Dingen arbeiten. Eine ganze Woche lang müssen wir dies tun, so dass du dich selbst »überholst«, dich selbst wäschst. Dies ist ein historischer Moment für dein Bewusstsein, so dass du die Gelegenheit bekommst, »deine Natur«, dein Gemüt zu reinigen. Du mußt Gesundheit demonstrieren in deiner gesamten Natur – physisch, emotional, mental – und die Menschen werden es fühlen. Sie werden sagen: »Wow, was für gesunde Menschen das sind.« Wir wünschen uns dies für alle Menschen, überall auf der Welt, nicht nur für uns selbst, sondern für jeden.

Nach ein paar Übungen kamen ein paar Leute zu mir, und erzählten mir, dass sie versuchten sich zu waschen, doch die schwarzen Flecken klebten an ihren Händen, ihren Fingern, und so weiter. Das passiert. Es ist ein sehr gutes Zeichen, wenn du an deinem Schmutz arbeitest. Das ist sehr gut. Die Reinigung braucht Zeit. Manche Menschen können ihre Flecken in fünf Minuten oder in einer halben Stunde beseitigen. Andere Leute, auf Grund des Ausmaßes der Verschmutzung, brauchen längere Zeit für die Reinigung. Wenn die Verschmutzung von einem früheren Leben kommt, bleibt sie länger, und schließlich in einem deiner Leben kreiert es entsetzliche Krankheiten oder schlechte soziale und familiäre Konditionen. Wann immer du kannst, reinige diese Dinge. Werde sie los. Es braucht Zeit, und wir probieren es wieder und wieder. Du kannst dies Zuhause tun, bis du dich total transparent siehst. Dann wirst du sehen, in einer Woche, in zwei Monaten, dass die Energie durch dich fließt.

Da ist allerdings eine Gefahr, wenn du gereinigt und energetisiert bist, kann es sein, dass du dich selbst mißbrauchst. Tu dies nicht. Behalte die Energie »in« dir, so dass du sie für die Zukunft nutzen kannst.

Fragen & Antworten

Frage: Was meinen Sie wenn sie davon sprechen, sich selbst zu missbrauchen?

Antwort: Nehmen wir zum Beispiel diesen Mann hier. Sagen wir, ich gebe ihm die Aufgabe einen Monat lang zölibatär zu leben und diese Übungen zu praktizieren. Nachdem er jede einzelne Übung gemacht und sich gereinigt hat, beginnt er sexuell sehr aktiv zu sein und seine Energie beim Beischlaf zu vergeuden. Er läuft diesem oder jenem Mädchen nach. Er verpfuscht sich alles. Wenn sich die Energie vermehrt, dann heisst das, dass man die Energie intelligent nutzen muss, man darf sie nicht missbrauchen oder vergeuden.

Du solltest diese Übung nicht länger als fünf Minuten machen. Die Effektivität hängt davon ab, wie intensiv du sie gemacht hast, und wieviel Energie du investiert hast. Es hängt auch von der Aufrichtigkeit deines Geistes ab und von der Motivation, dass du wirklich an dem Chaos, welches um dich herrscht, arbeiten willst. Manchmal mache ich die Erfahrung, dass ich den Wunsch in mir spüre, dies oder jenes Laster in meinem Wesen zu reinigen. In meinem tiefsten Inneren fühle ich, dass ich das nicht wirklich will, aber ich mache die Übungen und kreiere das größte Chaos in mir. Du musst wirklich und wahrhaftig wollen, alles das zu reinigen und loszuwerden. Du musst dich wirklich hineinbegeben und wollen, dass du vollständig sauber und schön wirst, pur. Es hängt von deiner Motivation ab, davon wie viel Energie du hinein gibst und auf welcher Bewusstseinsebene du dich befindest. Nehmen wir an, du bist ein bewusster Mensch, dann gibst du in die Übung fünfhundert Tonnen Energie hinein. Bist du ein halbbewusster Mensch, dann gibst du ein halbes Pfund hinein. Wieviel Energie gibst du hinein, wie bewusst praktizierst du die Übung, wie intensiv bist du dabei?

Ich mache die Übungen und eines Tages kommt die Zeit, und ich bin wirklich ganz dabei. Ich werde nicht wissen, dass ich einen physischen

Köper habe; ich werde nicht wissen, wo ich gerade bin. Ich bin einzig und allein in der Übung. Wenn du es auf diese Weise machst, total in der Übung bist, dann ist das Element der Zeit nicht mehr so wichtig. Zum Beispiel kann es fünf Tage dauern, sechs Tage, fünf Monate, fünf Jahre, fünf Inkarnationen. Ganz gleich was du tust und inwieweit du es tust, es ist immer gut für dich, denn es ist Geld auf deiner Bank. Du bringst fünf Dollar zur Bank, fünf Dollar, fünf Dollar und dreihundertfünfundsechzig Tage später hast du eine ganze Menge Geld auf deinem Konto. Andererseits, wenn du täglich eintausend Dollar zur Bank bringst, hast du innerhalb einer Woche siebentausend Dollar. Es hängt alles von dir ab, von deiner Bewusstseinsebene, deiner Motivation, deiner Aufrichtigkeit, davon, wie viel Druck du in die Arbeit hinein gibst. Aber ganz gleich wie intensiv du praktizierst, es ist immer von Nutzen für dich, denn es geht alles auf dein Bankkonto.

***Frage:** Ich fand es sehr schwierig, den Wasserfall als besonders kraftvoll zu visualisieren und mir gleichzeitig vorzustellen, dass dieses kraftvolle Wasser Liebe-Mitgefühl ist. Wie machst du diesen energiegeladenen Wasserfall zu Liebe-Mitgefühl?*

Antwort: Nutze deine Visualisierung oder kreative Phantasie. Sei geduldig. Mental wirst du die Umstände visualisieren, wo du exakt all das hast, was du brauchst. Wenn du das nicht erreichen kannst, dann gibt es in dir einen Widerstand dagegen. Widerstand gegen Liebe, Mitgefühl, es gibt also einen Widerstand in dir. Dieser Widerstand – wer weiss wie er entstanden ist oder wie er entsteht - kann von dir überwunden werden, wenn du diese Übung immer und immer wieder praktizierst.

Das Wasser selbst ist die Liebe und das Mitgefühl. Mitgefühl fliesst in dich hinein. Liebe fliesst in dich hinein. Du kannst die Kraft nicht sehen. Das Wasser, welches dich Tropfen für Tropfen berührt ist Liebe, ist Segen, ist Süsse – so schön. Du wirst das Wasser spüren. Kreative Vorstellung und Visualisierung verändern die Chemie der Energie. Das ist eine so wichtige

Regel. Deine Visualisierung verändert die Chemie. Ist die Chemie Licht, dann machst du alles, was du visualisierst zu Licht. Dann veränderst du es in Liebe, in Kraft, in Schönheit. Die Chemie verändert sich durch deine Visualisierung.

Frage: Bei der Übung habe ich die Wasserqualität so verändert, dass das Wasser sehr still, fast lautlos wurde. Ist es in Ordnung wenn ich das tue?

Antwort: Du solltest realisieren, dass wenn diese Übungen einfach wären, jeder von uns morgen schon ein Meister sein würde. Dein Karma toleriert das nicht. Selbst deine Körper tolerieren es nicht. Es braucht Zeit sich einzustellen, langsam, langsam. Indem wir Willenskraft und Bewusstsein nutzen können wir den Prozess etwas beschleunigen um Hindernisse und Widerstände, die sich zwischen uns und unseren Körpern aufgebaut haben, zu beseitigen. Dann erst können wir unsere Körper direkt beeinflussen. Wenn wir die Dinge der Natur überlassen, wird sie zweitausend Jahre dafür brauchen, einen Hügel zu erschaffen. Wir aber können zwei oder drei Bulldozer nehmen und den Hügel in einer viel kürzeren Zeit aufschütten.

Wir können den Prozess der Reinigung beschleunigen. Das ist, was Initiation bedeutet. Der Tibetische Meister sagt, dass Initiationen künstlich kreiert sind. Sie sind nicht natürlich. Aus diesem Grund bedarf jede Initiation einer großen Kraftanstrengung und vielem Leiden, um sie zu erreichen. Wir beschleunigen unsere eigene Evolution. Die Entwicklung des Menschen wird immer schneller, weil die Not so groß ist. Die Degeneration ist so stark, dass wir Menschen brauchen, die bereit sind, dieser Not zu begegnen.

Verändere die Qualität des Wassers, aber tue nur das, was ich dir sage. Mache aus dem Wasser Liebe. Zunächst ist es Wasser, das deinen physischen Körper reinigt, doch die tiefste Reinigung wird nur mit der Kraft der Liebe erreicht. Liebe säubert und reinigt alles. Liebe ist feurige

Energie, Wasser ist Wasserstoff und Sauerstoff. Es ist Feuer, ein Reinigungsprozess. Du wirst denken, dass es Liebe ist, Liebe die auf dich herabströmt und dich reinigt. Es ist nicht so leicht, das zu erklären. Ich kann es erläutern, doch du selbst musst es praktizieren.

Nur indem wir es machen, können wir es erfahren. Wie lernen wir denn, das ABC zu schreiben? Wir tun es immer und immer wieder und schliesslich meistern wir es.

Durch die Erfahrungen, die wir in der Vergangenheit gesammelt haben, werden wir die Liebe mit einbringen. Was ist Liebe? Es ist als würde mich jemand zum ersten Mal küssen, ein Gefühl als wäre man im Himmel – das ist physisch. Wir sprechen über etwas mehr Liebe. Was ich sagte, ist folgendes: Die Energie der Liebe verbindet sich mit den Dingen und reinigt sie. Denke darüber nach.

Frage: Was ist, wenn wir nicht visualisieren können?

Antwort: Visualisierung ist, wie wenn man es wirklich sehen würde. Wie einen Film oder Fernsehen schauen. Das ist Visualisierung. Wenn man jedoch nicht in der Lage ist, diese Visualisierung zu erreichen, dann tut es auch kreative Phantasie. Das ist genauso kraftvoll, wie Visualisierung.

Frage: Sie haben gesagt, dass man die schwarzen Flecken auch operativ entfernen könnte, wenn man es nicht auf andere Weise schafft. Ich habe es probiert und es hat ich einfach wundervoll angefühlt. Aber ich hatte trotzdem das Gefühl, als könnten sie wiederkommen.

Antwort: Das ist deine Angst. Denke, dass es nicht zurückkommen wird. Du musst die Angst gründlich auswaschen. Wenn du dies tust, dann wird sie fort sein. Christus sagte etwas, was von der gesamten christlichen Religion missverstanden wurde. Er sagte: »Was immer du auf Erden an dich bindest, wird auch im Himmel angebunden sein.« Er hat damit gemeint, dass ein jeder von uns die Kraft und Autorität hat, all das

Kapitel Drei　　　　　　　　　　　Reinigung

zu erreichen, was man möchte. Seine Anhänger haben Ihn falsch verstanden. Sie habe alles komplett verdreht, was Er gesagt hat. Er hat gemeint, dass was immer du in deinem Herzen denkst, das wirst du auch sein. Was immer du auf Erden tust, das tust du »gleichzeitig« im Himmel oder deinen feinstofflichen Körpern. Das Leben kennt keine Zeit und keinen Raum, doch die Menschen realisieren das nicht. Alles was du jemals gemacht hast, hast du gleichzeitig auf allen Ebenen getan. Denke darüber nach.

Frage: Wie habe ich mir das vorzustellen: Ich bin am Strand und dann irgendwo, weiter weg und dann wird mein Körper silbern und durchsichtig, richtig?

Antwort: Richtig. Dieser Körper hat die gleichen Arme, alles ist genauso wie bei deinem, er ist einfach nur feinstofflicher und elektrisch.

Ich habe dir von Anfang an gesagt, denke nicht, dass du die Übung gleich zu einhundert Prozent durchführen kannst. Aber wenn du sie zu drei Prozent machst, bist du dreihundert Meilen voraus in deiner Entwicklung. Du musst einfach an irgendeinem Punkt beginnen.

Als ich vor dreissig, vierzig Jahren hierher kam war das, was ich mir wünschte, Geld. Ich sagte: »Gott gib mir Geld.« Er antwortete: »Was willst du damit anfangen?« Ich sagte: »Ich werde eine Universität bauen. Ich werde die Menschen dort für drei Monate oder drei Jahre aufnehmen, sie kochen, sie backen und wieder hinausschicken. Sie werden wunderbare Feuer im Universum sein.« Doch vielleicht war ich noch nicht wirklich bereit dazu und konnte nur soviel schaffen. Aber, ich bin noch jung!

Wenn du zwei, drei, vier, fünf, fünfzehn Millionen hast – dann lass uns diese Universität bauen. Ich werde dich dann nicht nach Hause gehen lassen. Du wirst dort bleiben und Tag und Nacht diese Übungen machen. Nach zwei, drei Monaten wirst du sofort feststellen, dass du ein völlig anderer Mensch geworden bist. Die Menschen geben einhundertfünfundsiebzig Billionen Dollar dafür aus, einen Bomber zu bauen. Kannst du dir das vorstellen? Gib mir die Hälfte von diesem Geld und zur

Hölle mit dem Bomber! Dann werde ich die ganze Welt reinigen. Gott würde einen Boten schicken, der würde sagen: »Nimm das.« Es wären fünfzig Millionen Dollar. Was würde ich damit machen? Ich ginge nicht nach Las Vegas. Ich würde für dich einen Platz schaffen, der ein Paradies wäre. Wir hätten Köche, die für dich kochten, Leute die dich massieren würden, dich waschen, die alles für dich tun würden, sodass du innerhalb von drei, vier, fünf Monaten das Paradies erreichen würdest und dich wahrhaftig transformiert hättest.

Diese Übung, wenn du sie drei, vier, fünf Tage, drei bis fünf Monate lang praktizierst, wird dich vollkommen verändern. Du bist das Ergebnis deiner Gedanken. Du hast hier die Möglichkeit für zwei oder drei Stunden. Danke Gott, das du so glücklich bist.

Frage: Ich möchte gerne etwas über die Dauer der Übung wissen. Werden wir die richtige Zeitspanne innerlich spüren?

Antwort: Diese Übungen sind ungefährlich. Als würde man Salat essen. Es ist fantastisch. Es gibt dabei nichts, was dich verletzten könnte. Allerdings solltest du einige Dinge beachten. Nimm keine Drogen; trinke während der Übungen keinen Alkohol; und praktiziere nicht nachdem du Sex gehabt hast.

Frage: Sie haben über den Wasserfall gesprochen und über Liebe-Mitgefühl. Sind das verschiedene Sachen?

Antwort: Nein, nein. Liebe und Mitgefühl sind das Wasser selbst. Schlussendlich wirst du deinen mentalen Mechanismus so einstellen, dass du denken wirst, dass es kein Wasser gibt. Es ist Segen; es ist Liebe, die fliesst. Das ist mentale Verschiebung. Dein Geist ist so stark kristallisiert, dass er all das, was er lernt, nicht verändern kann. Letztendlich wirst du zu deinem Geist sagen: »Was auch immer ich will, das du mir zeigst, dass ist es, was du mir zeigen wirst… Das ist ein Apfel.« Dein Geist sagt: »Das ist ein Apfel.«. Dann sagst du: »Das ist ein Juwel«, »Nein, das ist ein

Apfel.«»Nein, ich sage dir, das ist ein Juwel.« Nach einer Weile wird dein Geist sagen »Das ist ein Juwel«, denn dein Geist wird dir mit der Zeit gehorchen. Wenn du deinem Geist gehorchst, dann wirst du dich nicht verändern. Du wirst der gleiche Kohlkopf sein, der du schon vorher gewesen bist. Unglücklicherweise haben wir nichts über solche Dinge gelernt. Doch jetzt hast du die Möglichkeit, etwas darüber zu lernen und es anzuwenden.

Frage: Wenn wir unseren Geist verändern und sagen das Wasser ist Liebe, ist es dann eine einzige Energie und verändert unser Geist es in Liebe-Mitgefühl oder kommt Liebe-Mitgefühl einfach zu uns?

Antwort: Die Visualisierung, die du als fallendes Wasser siehst, verändert sich in Liebesenergie. Die Chemie verändert sich vollkommen und das geschieht durch unser Denken. Worin unterscheidet sich dieses Mikrofonkabel von meinem Haar? Der Unterschied liegt darin, dass die Frequenz anders ist als die meines Haares. Wenn die Frequenz gleich wäre, wären beide Dinge genau gleich. Durch deine Gedanken änderst du die Frequenz der Elemente. Wasser ist nun wirklich Liebe; es ist kein Wasser mehr. Märchen sind so wunderschön. Lies sie und sieh, wie sich in den Märchen plötzlich das Pferd in einen Vogel verwandelt und fliegt.

Frage: Während wir diese kreative Vorstellung machen, müssen wir irgendwohin gehen, wo es tatsächlich einen Wasserfall gibt oder geht alles in unserem Kopf vor sich?

Antwort: Überall. Alles ist in deinem Kopf. Wenn ich das sage, könntest du denken, der ist vielleicht seltsam. Es gibt nichts ausserhalb von uns. Alles ist in uns. Du siehst die Dinge im Aussen, weil du denkst, du befindest dich in deinem Körper.

Frage: Ist die zeitliche Dauer der Übungen uns überlassen?

Antwort: Wenn du beim Essen sitzt, hast du dabei auch ein Zeitlimit? Es gibt hier die Idee der Flucht in deinen Gedanken – du musst es tun, es zu Ende bringen und flüchten. Was willst du denn dann den Rest der Zeit mit dir anfangen?

Eines Tages rasierte ich mich – schnell, schnell, schnell. Und dann kam ich zu mir. Warum beeile ich mich so? Irgendetwas trieb mich an – werde fertig, werde fertig, werde fertig. Mache die Übungen so lange, wie es notwendig ist. Da die Menge an Verschmutzung, die wir haben und empfangen, enorm riesig ist, müssen wir dieser Verschmutzung begegnen, indem wir die Übungen fortlaufend praktizieren.

Frage: Die letzte Verschmutzung an der wir gearbeitet haben, wenn wir visualisiert haben, dass sie fort ist, arbeiten wir dann an anderen Dingen weiter?

Antwort: Ja. Wenn es fort ist, ist es fort. Falls es noch andere Verschmutzungen an deinem Körper gibt, wirst du es fühlen, sehen und spüren. Es ist zum Beispiel gut, wenn du es sehen kannst. An dieser Stelle kannst du exakt im Film sehen, das dies dein Rücken ist. Du reibst und reinigst, irgendetwas aber klebt fest. Du giesst Wasser über deinen Rücken, wäschst und letztendlich erkennst du, das alles weg ist. Es ist vollkommen fort. In der Zukunft, fünfzig Millionen Jahre später, könntest du an Krebs erkranken, doch du wirst keinen Krebs haben, weil du jetzt die Reinigung gemacht hast.

Ich war in Jerusalem und habe diese Übungen praktiziert. Dort gab es ein Mädchen, bei dem Krebszellen entdeckt wurden. Sie visualisierte eine Woche lang, dass ihre Körper gereinigt wurden. Dann ging sie zum Arzt, und der konnte keinerlei Krebs diagnostizieren. Das war so kraftvoll. Man muss jedoch dazu sagen, dass das Mädchen die Übungen auf die bestmögliche Weise durchgeführt hatte.

Kapitel Drei Reinigung

Frage: Was ist das innerhalb des Astralkörpers, das aussieht wie ein Stück transparente Schale?

Antwort: Du reinigst an dieser Stelle etwas, was dir anhaftet. Unser Astralkörper hat eine Menge Dinge, die an ihm kleben. Zum Beispiel die Gefühle anderer Menschen, die Gefühle unseres Ehemannes oder unserer Ehefrau; sogar Gefühle die aus vergangenen Leben stammen, können immer noch dem Astralkörper anhaften. Wir müssen sie alle beseitigen.

Frage: Was passiert, wenn man ein Stück herausschneidet?

Antwort: In dem Augenblick, wo du hinein schneidest, ersetzt der Körper automatisch dieses Stück. Ganz genau wie Wasser. Stell dir vor du hättest einen Eimer Wasser, und ich würde eine Tasse davon schöpfen. Das Wasser würde diesen Teil sofort auffüllen. Der Astralkörper ist wie Wasser. Selbst wenn du ihn während deiner Visualisierung schneidest, fügst du ihm keinerlei Wunden zu.

Frage: Wenn man es sich vorstellt, dann glaubt man ja irgendwie daran, das es weg ist. Ist es dann aber wirklich fort?

Antwort: Ja, das ist es. Obwohl die Phantasie nicht so stark ist wie die Visualisierung, ist es immer noch gut, es zu tun.

Frage: Was passiert, wenn dein Astralkörper nicht zurück in den physischen Körper will?

Antwort: Du stellst dir vor, das er wieder hineingeht. Wenn du aufmerksam bist, wirst du feststellen, dass die Natur uns viele Schlüssel in die Hand gibt. Schlüssel um Dinge zu tun, die wir tun möchten. Mein Lehrer gab mir einst eine Übung. Zum ersten Mal sollte ich üben den Körper zu verlassen, mich neben ihm aufzuhalten und ihn zu betrachten, ganz gleich was mein Lehrer während dieser Zeit täte. Ich konnte meinen Körper nicht verlassen. Ich hatte Angst. Mein Lehrer sagte daraufhin: »Denk dir etwas aus.« Ich stellte mir also vor, ich wäre ein Pferd, und mein Körper wäre ein Stall. Dann sprang das Pferd aus dem Stall heraus, und genau in diesem Moment wurde ich wieder ich selbst und schaute auf meinen Körper.

Es ist manchmal etwas verzwickt. Du musst es immer wieder versuchen, bis du es geschafft hast. Früher oder später wirst du es lernen, aber sei dir bewusst, dass wir fünf Millionen Jahre in der Evolution hinterher hängen. Der Satan der heutigen Welt – der Materialismus – hat uns im Griff. Materialismus, Hass, Kriege, Eifersucht und Rache beherrschen achtzig Prozent unserer Zeit und unseres Geldes. Wir nehmen uns überhaupt keine Zeit über solche phantastischen Dinge nachzudenken. Dreiundzwanzig Stunden am Tag arbeiten wir für unseren Körper. Stell dir das einfach mal vor. Und wenn du dann fünf Minuten meditierst, dann denkst du gleich, du machst Gott damit wer weiss was für einen Gefallen!

Kapitel Drei *Reinigung*

Übung 4

Reinigung des Mental-Körpers

– Ruhe dich jetzt aus. Sei glücklich. Entspanne deinen Körper, entspanne dein Gesicht, und stelle dir vor, du wärest im Paradies. Denke nicht über deine Schuld, Fehler usw. nach. Das ist vergangen. Lass es zur Hölle gehen. Du kannst zurückgelehnt in deinem Stuhl sitzen, weil kein Zentrum betroffen ist. Entspanne dein Gesicht, speziell deine Augäpfel und deine Augenbrauen.

– Gehe jetzt zu dem Wasserfall, aber noch nicht hinein. Es gibt noch eine feine Sache. Lege deinen Physischen-Körper in den Sand und schaue auf ihn, als wärst du der Astral-Körper. Dann setze deinen Astral-Körper daneben, und schaue auf beide. Einer ist der physische und der andere ist der astrale Körper, die Qualle. Fasse sie an, und sehe wie sie sich anfühlen. Sie sind sich so ähnlich, jeder nur eine Kopie des anderen, nur einer ist silbern, durchscheinend, lichtdurchlässig. Schau, ob du einigen Schmutz finden kannst, einige Verunreinigungen in dem Astral-Körper und sage: »Später reinige ich dich.«

– Jetzt visualisiere, du bist der zitronengelbe Mental-Körper. Du hast nicht länger die Form deines physischen Körpers. Du bist jetzt eine Kugel aus Licht. Du benötigst einen Wechsel in deinem Bewusstsein. Du hast keine Hände, aber du hast zwei große Augen – du, die zitronengelbe Energiekugel. Du bist eine Kugel aus Licht, aber auf dieser Kugel sind Schmutzflecken. Was sind sie?

– Einer heißt **Ego**. Es ist eine schmerzvolle Wunde, und immer wenn sie jemand berührt, schreist du sehr laut.

– Der nächste **Hochmut** oder **Eitelkeit**. Du denkst, du bist irgendjemand wichtiges.

– Die nächste Verunreinigung ist **Gier**. Es ist wie ein saugender Wurm – das ist Gier.

– Und dann ist da eine kristallisierte Wunde, die **Fanatismus** heißt. Es ist ein sehr verhärteter Fleck im Mental-Körper.

– Da sind auch einige Zick-Zack Energien, die sich gegenseitig schneiden. Diese gehören zu der Krankheit, die **Seperatismus** heißt.

Und da hast du nun fünf sehr wichtige, viel sagende Verunreinigungen.

– Gehe in den Wasserfall, welcher zur Zeit ein Strom von gelber Elektrizität ist. Er überschüttet und reinigt dich innen und außen. Versuche von Schadstoffen frei zu werden, von diesen fünf Krankheiten, in deinem Mental-Körper. Ich wiederhole: Sie sind **Ego, Hochmut, Fanatismus, Seperatismus und Gier**. Jetzt gebe diese gelbe Kugel – dich – unter das Wasser, und lasse das Wasser diese reinigen. Alles ist elektrisches Wasser, und wenn es auf deinen Mental-Körper auftrifft, wischt es langsam, ganz langsam diese Leiden weg.

– Beginne jetzt mit der Übung. Bleibe wach. Schlafe nicht. Reinige ihn, und entspanne dich. Forciere nichts. Es geht von selbst. Wenn deine Hände schlammig sind, hältst du sie unter das Wasser, und der Schlamm geht. Auf dem gleichen Wege, forciere nichts. Der Mental-Körper kann nicht gezwungen werden. Lass es fließen, diese feurige, elektrische Energie, die sich in deinem ganzen Mental-Körper ergießt.

– Während du unter der Dusche bist, lass sich die Energiekugel öffnen; und sieh' in der Mitte einen Blumenkelch. Lass Energie ihn treffen, und sieh' ein blaues Licht aus dem Blütenkelch kommen. Lass es ausstrahlen.

– Jetzt sehe wie die blaue Energie vom Zentrum der gelben Kugel ausstrahlt, und das ist so schön. Du bist unter der Dusche. Das blaue Licht hüllt den ganzen Mental-Körper ein. Rufe deinen Astral-Körper, und ziehe ihn an. Du bist immer noch in der Dusche. Rufe deinen physischen Körper, ziehe ihn an, und du bist noch unter der Dusche. Alle Körper sind integriert, sauber und schön. Spiele mit dem Wasserfall, und genieße es für fünf Minuten. Mache alles, was du möchtest. Du hast nun deinen physischen Körper, Astral-Körper und Mental-Körper. Singe ein Dankeslied. Drücke Dankbarkeit aus, für die Tatsache, dass du physisch, emotional und mental sauber bist. Du bist zusammen, integriert, fantastisch, und so soll es sein.

– Nimm dir fünf Minuten Zeit, und genieße dich unter dem Wasserfall. Mache, was immer du möchtest. Bleibe unter dem Wasserfall. Deine Körper bekommen die Energie gleichzeitig. Hüpfe und schwimme ein bisschen. Jetzt langsam, langsam komme heraus, setze dich auf einen Felsen, dort. Jetzt visualisiere dich, wie du auf deinem Stuhl sitzt, in dem Raum, in dem du gerade bist. Reibe deine Hände. Reibe dein Gesicht. Öffne langsam deine Augen.

Fragen & Antworten

Frage: Was bedeutet es, wenn man »fortgeht«, jedoch nicht notwendigerweise einschläft?

Antwort: Entweder bedeutet es, dass du die Übung nicht machen solltest, weil du zu müde bist oder das du zu entspannt bist. Wir müssen entspannt sein, unser Bewusstsein aber wach halten. Der physische Körper muss schlafen, das Bewusstsein muss wach sein. Das ist es, was du tun sollst. Wie ich bereits sagte, diese Übungen sind erst der Anfang. Wenn wir es weiterführen, Monat für Monat, Jahr für Jahr, dann wirst du nach einigen Monaten, nach einigen Jahren sehen, dass du ein vollkommen anderer Mensch geworden bist. Wir haben diese Übungen einst im Kloster für die Dauer von sechs Monaten praktiziert. Nach den sechs Monaten lief ich wie auf Wolken. Ich war ein ganz – Anderer – Dynamit. Die Erde, das Leben, das wir führen fressen uns auf. Das tägliche Leben frisst uns auf. Wir vergeuden unsere Zeit und Energie, die eigentlich dazu nutzen sollten, die wahrhaftige Arbeit zu verrichten. Zum jetzigen Zeitpunkt sind wir noch nicht das »spirituelle Wesen«. Während wir aber an uns arbeiten, wird es sich schlussendlich einstellen. Langsam, langsam, Schritt für Schritt werden wir unsere Unabhängigkeit erlangen, unsere Freiheit.

Frage: Was geschieht mit den mentalen Denkformen, wenn man diese Übung durchführt?

Antwort: Sie lösen sich vollständig auf und verlassen uns. In einem ganz bestimmten Moment wusste ich nicht mehr, wer ich war. Ich vergass meinen Namen, denn in Wirklichkeit habe ich keinen Namen. Wir alle haben Namen, weil es praktisch ist, er ist wie ein Etikett. Das Etikett wird an die Flasche geklebt, und dann heisst es: »Das ist Lou.« Wer hat gesagt, dass die Flasche Lou ist? Nimm die Flasche weg, und es gibt keine Lou.

Wie ich gerade sagte, ich vergass meinen Namen. Dann habe ich mich nach und nach wieder angepasst. Alles was du bist, ist Geist. Du hast keinen

Namen und kein Alter. Wie alt bist du? 60 Jahre. Du redest von deinem Körper. Wir bauen den physischen, emotionalen und mentalen Körper auf. Danach folgen die höheren Körper. Nachdem wir das vollbracht haben, ist es am wichtigsten, dass die Körper so zusammen arbeiten, dass du zur gleichen Zeit irdisch und himmlisch bist. Du bist himmlisch aber auch irdisch. Es darf in deinem Bewusstsein keine Kluft geben.

Manche Menschen, besonders in den 60er Jahren, waren die Hippie-Zippies, wie Ballons, sie sind im Himmel herumgeschwebt. Sie hatten keine Nahrungsmittel und keine für das Leben notwendigen Dinge. Sie sind nur herumgeschwebt. Wir aber wollen nicht schweben. Wir wollen wach sein, auf beiden Seiten unserer Existenz, in Balance. Du kannst ein sehr weit fortgeschrittener Meister sein und zur selben Zeit mit einem Kind spielen oder Fussball spielen, du kannst mit deinen Freunden Spass haben. Ohne eingebildet zu sein … weil du in Balance bist.

Frage: Was ist die Natur des letzten Wasserfalles, in dem alle Körper wieder vereint sind?

Antwort: Es sind drei Dinge: Körper, Gefühle und Geist. Drei Energien werden vereint. Du wirst das besser verstehen, wenn du beginnst, die Übungen täglich oder wöchentlich für die Dauer von fünf Minuten durchzuführen. Einen oder zwei Monate später wirst du sehen, dass du dich absolut dynamisch fühlst, denn die Schwäche der Körper hat ihre Ursache in ihrer Verschmutzung. Die medizinischen Wissenschaften haben viele verschiedene Bezeichnungen für diese Schmutzteilchen: Mikroben, Viren, Keime, Bazillen, verrückte Namen – römisch, griechisch und so weiter. Alles das ist Verschmutzung – nichts anderes. Vernichte sie.

Durch Visualisierung gibst du der Energie eine Ausrichtung und veränderst die Art der Energie. Dein Geist ist ein großartiger Alchemist. Er ist ein Magier. Er kann Dinge tun, die für den normalen Menschen vollkommen unmöglich erscheinen. Fünfhundert Jahre später wirst du durch deine Visualisierung eine Brücke gebaut haben und auf ihr entlang wandern.

Übung 1

Organisation

AUM

Erste Serie

1. Visualisiere deine drei Körper:

    den physischen,
    emotionalen,
    und mentalen Körper.

2. Töne das AUM sieben mal, wobei du jedesmal den physischen Körper mit violetter Energie auflädst.

3. Töne das AUM sieben mal, wobei du jedesmal den emotionalen Körper mit silberner Energie auflädst.

4. Töne das AUM sieben mal, wobei du jedesmal den mentalen Körper mit gelber Energie auflädst.

– Nimm dir Zeit. Konzentriere deine Aufmerksamkeit während du das AUM tönst.

– Dann werden es insgesamt sieben AUMs für jeden einzelnen Körper sein, also insgesamt einundzwanzig für alle drei Körper

– Wenn du anfängst, dann visualisiere deinen physischen Körper und lass die sieben AUMs wirklich jede einzelne deiner Zellen erreichen und durchdringen.

– Sammle dich wieder für einige Sekunden, visualisiere deinen Astralkörper und töne sieben AUMs. Dabei sollte die silberne Energie jedesmal den Astralkörper vollkommen durchdringen.

– Sammle dich für einige Sekunden, visualisiere deinen Mentalkörper und töne sieben AUMs. Auch diesmal sollte die gelbe Energie des AUM deinen Mentalkörper durchdringen.

Ruhe dich anschliessend fünf Minuten aus.

Übung 2

AUM
Zweite Serie

Hast du die erste Serie 15 Tage lang korrekt ausgeführt, dann kannst du damit beginnen, das AUM auf eine etwas andere Weise zu tönen.

– Die ersten sieben AUMs, die auf den physischen Körper ausgerichtet werden, werden auf die folgende Weise angewandt:
    A – Violett
    U – Silbern
    M – Zitronengelb
Wiederhole es sieben mal für den physischen Körper.

– Sende das zweite AUM auf folgende Weise zum Astralkörper:
    A – Violett,
    U – Silber,
    M – Zitronengelb
Wiederhole das Ganze sieben mal.

– Sende das dritte AUM auf folgende Weise zum Mentalkörper:
    A – Violett
    U – Silber
    M – Zitronengelb
Wiederhole es sieben mal.

Versuche mit jedem Buchstaben (A-U-M) die Farben auszurichten.

Übung 3

AUM
Dritte Serie

In der nächsten Stunde werden wir Übungen mit »Tönen« machen oder mit dem Heiligen Wort. Es sind dies kraftvolle Übungen für Integration und Ganzheit.

– Töne nun im Geist 21 AUMs mental. Angenommen ich würde es nur im Geiste tun, dann wäre es genau auf die gleiche Weise. Sieben für den physischen, sieben für den astralen und sieben für den mentalen Körper:

AAAAAAAUUUUUUUMMMMMMM
Das war ein AUM.

– Nun sende:

1. sieben AUMs an deinen physischen Körper
und visualisiere dabei violette Energie

2. sieben AUMs an deinen emotionalen Körper
und visualisiere dabei silberne Energie

3. sieben AUMs an deinen mentalen Körper
und visualisiere zitronengelbe Energie

– Jedesmal wenn du das AUM tönst, sieh wie die elektrische Energie deinen ganzen Körper durchfliesst, alle Teile integrierend und ihn ganz machend.

– Lasst mich die Farben wiederholen. Für den physischen Körper stelle dir die Farbe Violett vor. Sieh, wie die violette Energie auf deinen physischen Körper trifft, jede einzelne Zelle durchdringt, jeden Knochen, jedes Organ – aber tue es langsam. Töne das erste AUM. Warte und stelle es dir vor, visualisiere. Dann mache es für den Emotionalkörper mit silberner Farbe und anschliessend für den mentalen Körper mit Zitronengelb.

– Stelle es dir im Zeitlupentempo vor, aber tue es mental so, als würdest du rufen.

– Jetzt beginnen wir – sieben davon. Lass dir Zeit und visualisiere. Beginne. Zwischen den einzelnen AUMs hast du immer einige Sekunden Zeit zum Visualisieren, bis es deine Zehen erreicht und jeden anderen Teil, einfach alles.

– Bist du zu schnell. Langsamer, auf diese Weise ...
AAAUUUMMM und dann visualisiere, dass jeder Raum erfüllt ist.

– Jedesmal sollte es den gesamten Körper durchströmen. Anderenfalls kreierst du ein Ungleichgewicht in deinem System. AUM verteilt sich überall hin. Es sind drei Arten der Energie, die ausbalanciert werden müssen.

Fragen & Antworten

Frage: Wenn man diese Übung macht, ist man dann im Körper?

Antwort: Eigentlich ist man dabei nie im Körper, aber es fühlt sich an, als wäre man es.

Frage: Wenn man das AUM tönt, sieht man dann irgendetwas?

Antwort: Visualisiere ganz einfach, dass du durch das Tönen des AUM deinen physischen Körper mit violetter Energie auflädst. Töne AAAAAAA und beginne mit violetter Energie. UUUUUUU durchdringt alle deine Knochen, Hände, Nägel, Haare. MMMMMMM deine Nase, Zehen, einfach alles.

Frage: Machen wir nach jeder Silbe eine Pause?

Antwort: Es gibt keine Unterbrechung.

A A A A A A A U U U U U U U M M M M M M M

Frage: Machen wir den ersten Durchgang für das Physische und den zweiten für das Emotionale?

Antwort: Ja, jeder Körper erhält eine Reihe von sieben AUMs in folgender Reihenfolge: physisch die violette Energie, emotional die silberne, mental zitronengelbe Energie.

Frage: Du hast gesagt, wir machen alles in Stille?

Antwort: Ja, zuerst setzt du dich bequem hin, machst einen tiefen Atemzug und tönst das erste AUM. Deine Visualisierung wird der Energie ihre Richtung geben. Wenn du nicht visualisierst, dass die violette Energie in deine Knochen, Zehen, Nase, Haare, Ohren und innere Organe hineinströmt, dann wird das nicht geschehen. Du wirst diese Energie mit

Hilfe deiner Willenskraft und Konzentration ausrichten. AUM ist Energie. Nun, ganz zuerst ist es violette Energie. Diese violette Energie durchdringt jeden Teil deines Körpers. Lenke sie nicht auf einen speziellen Punkt, einfach nur auf den gesamten Körper.

Frage: Gibt es eine Möglichkeit das Tönen des AUM mit Hilfe des Atems zu regulieren?

Antwort: Ja, denn da du es mental machst, kannst du auf eine andere Weise atmen. Zum Beispiel: wenn du mit deinen Lungen zweimal atmest, dann atme mental viermal im Verhältnis vier zu eins.

Übung 4

AUM

Vierte Serie

Lasst uns nun mit der nächsten Serie von AUMs weitermachen. Zum einfacheren Verständnis soll euch das folgende Diagramm dienen.

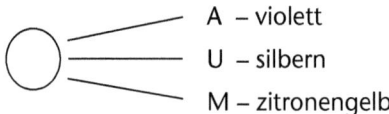

Wiederhole es sieben mal – Physischer Körper

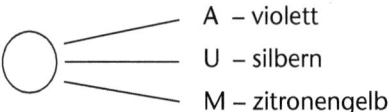

Wiederhole es sieben mal – Emotionalen Körper

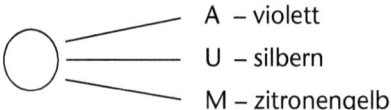

Wiederhole es sieben mal – Mentaler Körper

Wir haben also diese drei:
A – violette Energie
U – silberne Energie
M – gelbe Energie

Sagen wir, dass der physische, astrale und mentale Körper jeder physische, emotionale und mentale Substanz beinhalten. Der physische Körper zum Beispiel ist nicht ausschliesslich physisch, sondern zu einem bestimmten Teil emotional und zu einem bestimmten Teil auch mental. Gleichermassen verhält es sich mit dem Astralkörper und mit dem Mentalkörper. Dies ist nur das AUM für diese Runde. Es ist aufgeteilt in die drei Farben für jeden Körper.

Lasst uns jetzt mit dieser Runde beginnen. »A« ist Violett; »U« ist Silber; »M« ist Zitronengelb. Das ist es. Nachdem ihr sieben AUMs für den einen Körper getönt habt, geht weiter zum nächsten Körper.

Beobachtet was passiert. Wenn du ein Künstler bist, wirst du verstehen. Schau dir das Diagramm an. Der physische ist zitronengelb. Jetzt aber werden die drei Energien gemischt: Violett, Silber und Gelb. Für den physischen Körper ist violett vorherrschend, für den Astralkörper silber und für den Mentalkörper zitronengelb.

Jeder Körper empfängt dementsprechend sieben AUMs mit je drei Farben und das sieben mal. Ein AUM wird in drei Farben aufgeteilt. Ich gebe euch hierfür zehn Minuten Zeit. Seid nicht zu schnell, aber auch nicht zu langsam. Das wichtigste ist, dass die Farben den gesamten Körper vollkommen bedecken und durchdringen. Die ersten sieben gehen ganz und gar durch den physischen Körper hindurch.

Versuche zu denken, dass alle Zellen, Organe, Lymphen – sämtliche Elemente – alle drei Arten an Energie erhalten. Nicht nur violett, auch silber und gelb.

Dann visualisiere deinen Astralkörper. Wieder AUM, drei Energien, sieben mal.

Dann der Mentalkörper. Wenn zehn Minuten vergangen sind, solltest du fertig sein und ruhig dasitzen.

Die erste Farbe ist immer violett. Das »A« ist immer violett, ganz gleich in welchem Körper es sich befindet. »U« ist immer silbern und »M« ist immer gelb, in jedem Fall. Ganz gleich in welchem Körper du bist, folge immer diesem Ablauf.

Beginne mit dem physischen Körper. Entspanne dich. Atme tief durch, noch einmal und noch einmal. Jetzt beginne, in deinem eigenen Rhythmus. Du hast zehn Minuten Zeit. O.K. Komm wieder zurück und sei da.

Fragen & Antworten

Frage: Wenn man diese letzte Übung macht, ist man dann in jedem der einzelnen Körper oder schaut man sie sich nur an? Kann man spüren, dass man dieser spezielle Körper ist?

Antwort: Das hängt ganz davon ab, wie weit du in deiner Entwikklung bist. Das Wichtigste ist, dass man jedes Mal die drei Energien aussendet. AUM zum ersten Köper, AUM zum zweiten Köper, AUM zum dritten Köper, jedes Mal mit drei Farben. Die Schwierigkeit für die meisten von euch besteht darin, dass ihr die drei Farben nicht sehr gut auseinander haltet. Zum Beispiel solltest du den physischen Körper als violett sehen. Beginne mit Violett, gehe weiter zu Silber und dann zu Gelb.

Dann visualisiere deinen Emotionalkörper als silbern. Gehe zu Violett, dann Gelb.

Visualisiere nun deinen Mentalkörper als gelben Körper. Gehe zu Violett, Silber und Gelb. Drei mal sieben AUMs integriert in den drei Körpern – neun – damit hast du alle drei Körper miteinander integriert.

Ich empfehle, dass jeder für sich individuell diese Übungen am frühen Morgen praktiziert bis ihr aus erster Hand erfahrt, was passiert. Erfahrt es. Wenn du dazu bereit bist, solltest du es täglich machen, bis zu deinem Lebensende. Vor oder nach deiner Meditation, aber immer am Morgen. Dafür brauchst du ungefähr fünf, sechs Minuten. Fünf Minuten für das eigene Leben zu investieren ist nicht viel, aber die Menschen tun es nicht. Du wirst sehen, dass jeden Tag, wenn du diese Übung machst, du vollkommen anders bist, physisch, emotional, mental. Dann, eins, zwei, drei Jahre später, werden sich dir der physische, emotionale und mentale Körper nichts mehr aufbürden. Im Gegenteil, sie werden gehorchen.

Frage: Bei den letzten drei AUMs machen wir drei Farben?

Antwort: Ja, jeder Körper, drei Farben. Deshalb habe ich neun gesagt. Drei Körper, drei Farben. Drei mal drei ist neun.

Wird das AUM auf diese Weise getönt, ist es eine reinigende, klärende Erfahrung. Wir haben sehr viele Verunreinigungen in unserem System. Selbst wenn du in diesem Leben fast ein Heiliger bist, kannst du jede Menge Müll aus anderen Leben mitbringen. All das müssen wir bereinigen. Den Menschen wurde gesagt, dass man Karma nicht bereinigen kann. Doch das ist nicht wahr. Der Große Heilige sagt darüber etwas sehr Wichtiges, nämlich dass Willenskraft und die Gedanken unser Karma reinigen können. Unsere Schulden werden bezahlt und sind zu Ende.

Frage: Auf welche Weise reinigt das Denken unser Karma?

Antwort: Weil man durch Denken die Ursache von Karma beseitigt. Wenn es in deinem Geist ein Nest gibt, welches ständig Lügen produziert, und du mit Hilfe der Gedanken dieses vollständig zerstörst, und nie wieder lügst, dann ist es zerstört – kein Lügen mehr. Die Ursachen müssen beseitigt werden. Wenn die Ursachen beseitigt sind, dann wird auch die Wirkung beseitigt sein. Wer von euch hat im Buch »Psyche and Psychism« das Kapitel über den Abendrückblick gelesen? Habt ihr darüber gelesen, dass man sein Karma zerstört, wenn man einen Abendrückblick macht? Deshalb sagte Christus einmal: »Wenn du mit deinem Freund streitest, dann gehe jetzt und begleiche deine Rechnung mit ihm vor Sonnenuntergang. Vergebt einander, und bringt es zu einem Ende.« Ganz besonders Ehefrau und Ehemann sollten nicht mit Ärger und Wut zu Bett gehen. Es wird aufgeklärt, und nicht in dein Buch geschrieben. So wird kein Karma registriert.

Frage: Wenn man einen Flecken reinigt, ist es dann von Belang zu wissen, was es war?

Antwort: Nein, das brauchst du nicht. Ich kann Übungen machen, die Verschmutzungen reinigen. Sie werden alle komplett auf einmal gereinigt, so dass du nicht weisst, was es war. Gibt es zum Beispiel einen Fleck an der Wand, dann nimmst du ja auch nicht ein Mikroskop zur Hand und untersuchst ihn. »Was ist das?« Du machst ihn einfach sauber und fertig. Für wen sollte es eine Bedeutung haben, was es ist?

Diese Übungen sind konditionierend. Eine Kondition zu erschaffen, hat eine ganz andere philosophische Bedeutung als du denkst. Konditionen zu schaffen heisst, dass du in Zukunft ausgehend von den Handlungen, die du zum jetzigen Zeitpunkt machst, andere Ergebnisse erwarten wirst. Das nennen wir konditionieren. Du arbeitest daran, künftig im besseren Zustand zu sein. Du wirst dich besser und besser fühlen, und auch deine Gesundheit wird sich verbessern. Aber übertreibe es nicht, und falls du Probleme haben solltest, dann wende dich an mich.

Frage: Ist für ein Paar besser gemeinsam zu meditieren?

Antwort: Ja, denn das bedeutet eine Gruppe zu sein. Eine Gruppe, das ist mehr als eine einzelne Person; mehr als eine Person, das ist immer eine Gruppe. Eigentlich sind drei Leute besser. Doch zwei Menschen ist gut, denn zwei sind vier: zwei Menschen und ihre Sonnenengel. Und wenn auch Gott noch präsent ist, dann sind es schon fünf!

Frage: Was ist das Ziel dieser letzten Übung?

Antwort: Das Ziel ist, deine gesamte Persönlichkeit zu reinigen, sie zu bearbeiten und sie mit deiner Seele zu verbinden. So fühlst du dich integriert, ganz.

Frage: Ist es von Nutzen das AUM laut zu tönen?

Antwort: Du kannst das machen, wenn du alleine bist. Auch wenn man zu zweit oder zu dritt ist. Als Gruppe sollte man es immer in der gleichen Tonlage tönen. Am besten tönt man das AUM in der Tonhöhe des Tones F.

Ausstrahlung

Übung

Das Selbst

1. Entspanne dich für einige Minuten.

2. Fokussiere dein Bewusstsein in der Mitte deines Kopfes.

3. Denke über deinen Körper nach. Begreife das dein Körper eines Tages sterben und vergehen wird.

4. Denke über deine emotionale Natur nach und realisiere, dass auch diese in absehbarer Zeit sich auflösen und wieder zurück fliessen wird in das entsprechende Reservoire der Natur.

5. Denk nach über deinen mentalen Mechanismus. Sieh, was er kann oder was er tut. Betrachte ihn wie eine Maschine oder ein Werkzeug welches du häufig benutzt und mit dem du dich oft identifizierst. Begreife, dass es ein vorübergehendes, endliches Werkzeug ist, welches für verschiedene Zwecke genutzt werden kann.

6. Visualisiere dich als ein lebendiges Selbst inmitten dieser drei Körper. Gehe einen Schritt weiter, und begreife dich als einen Teil des universellen Selbstes.

7. Denke darüber nach, dass das Eine Selbst in jeder Form ist, im gesamten Raum, in allen Sternen und himmlischen Konstellationen. Denke darüber nach, dass dieses Selbst überall ist und sämtliche Formen, die auf Planeten und im Weltraum existieren in sich vereint.

8. Denke daran, dass du dieses Selbst bist. Überall und in allen Dingen. Denke darüber nach, dass sich dein Bewusstsein im Laufe der Zeit in einem Masse erweitern wird, dass es die Gesamtheit dessen, was im Selbst existiert, umfassen wird. Denke daran, dass ausserhalb des Selbstes nichts existieren kann.

9. Denke an die Billionen von Sternen und realisiere, dass du überall bist als Teil dieses Selbstes, des Selbstes, welches alles durchdringt.

10. Fühle die Freude, den Segen, welche deine Seele bewusst erspürt. Bewusst der Freiheit, der Freiheit der Ewigkeit, der vollkommenen Zufriedenheit.

11. Nachdem du dir diese Bewusstheit wieder bestätigt hast, drehe dich um, und kehre zurück in deinen mentalen, den astralen und den physischen Körper. Fühle, dass du eine Person bist, jedoch mit dem Bewusstsein des Einen Selbst.

12. Denke an deine Aufgaben, Verantwortungen und an deine Beziehungen mit Familie, Gruppe, Gesellschaft, Nation; mit anderen Königreichen; mit der Menschheit als Ganzes.

13. Denke darüber nach, welche Qualität deine Handlungen oder deine Arbeit in der Welt haben werden, wenn sie also gesegnet wurden durch das Bewusstsein des Einen Selbst. Welcher Art werden deine emotionalen Beziehungen mit anderen Menschen sein, während du im Bewusstsein des Einen Selbst atmest und lebst? Deine Worte, Konversationen, Vorträge, welches wird ihre Natur sein? Welcher Art wird Qualität und Ziel deiner Kreativität sein? Wie wirst du deine Persönlichkeit einsetzen und zu welchem Zweck? Die Realisation des Einen Selbst kann dazu führen, dass sich die Achse auf der sich all deine Taten, Emotionen,

Gedanken und deine Sprache befinden, verlagert. Auf diese Weise wirst du herausgefordert werden, ganz neu an dein Leben heranzutreten. Diese neue Herangehensweise wird bedingt sein durch dein Gewahrsein des Einen Selbst.

14. In diesem Stadium kannst du über dein zukünftiges Selbstbild nachdenken und Betrachtungen anstellen. Denke an ganz praktische Schritte, an die Veränderungen, die du in dein Leben und in deine Beziehungen bringen wirst. Das ist der allerwichtigste Punkt, denn hier wird deine Transformation beginnen und dein Wesen wird deinem Gewahrsein des Selbstes entsprechen.

15. Nachdem du solcherart Übungen für etwa eine halbe bis zu einer Stunde praktiziert hast, wird deine nächste Aufgabe sein, die Beobachtung deiner Gedanken, Emotionen, Worte und Handlungen zu intensivieren. Auf diese Weise wirst du verhindern, dass deine niedere Natur oder Persönlichkeit gegen das Gesetz des Einen Selbstes oder gegen dein Gewahrsein des Einen Selbstes aktiv werden kann. Es wird viel Spass machen und eine Quelle von Erfahrungen über deine wahre Psychologie und Seinsebene sein.

Wir raten dir, diese Übung in den ersten Jahren nur einmal pro Woche zu machen und auch nur dann, wenn du dich zurückziehen und den Fokus auf solcherart Aufgabe richten kannst. Nach zwei oder drei Jahren kannst du die Übung zweimal pro Woche für die Dauer von 30 Minuten praktizieren und in diesem Rhythmus bis zum letzten Tag deines Lebens hier auf der Erde fortfahren.

Der Effekt dieser Disziplin wird hochgradig von Nutzen sein:

1. Deine Gesundheit wird sich verbessern.

2. Du wirst in deiner Arbeit erfolgreicher sein.

3. Neue und größere Hilfe wird dich und
deine Bedürfnisse erreichen.

4. Deine Anziehungskraft wird sich vergrößern, und
viele »sichtbare und unsichtbare Helfer« werden sich
um dich versammeln.

5. Du wirst Kontakt haben mit überirdischen, höheren Welten.

6. Du wirst dich sicher, beschützt, furchtlos und frei fühlen.

7. Dein Leben verwandelt sich in einen Dienst an
der Menschheit.

Kreativität

Übung 1

Sich selbst neu erschaffen

Das ist eine fantastische Übung. Wenn du sie richtig praktizierst, dann kann sie alle deine kreativen Energien in Bewegung bringen.

– Entspanne dich. Schliesse deine Augen, und erschaffe mit Hilfe der Visualisierung ein neues Bild von dir, eine neue Persönlichkeit.

– Beachte keine Bilder, die aus der Vergangenheit auftauchen und dir etwas anders zeigen. Denke, dass du dich neu erschaffen kannst. Du hast diese Kraft in dir und oft, wenn der Widerstand groß ist, wird auch deine kreative Kraft stärker.

– Erschaffe ein neues Bild über dich selbst.

– Was für einen Körper möchtest du haben? Was für ein Gesicht? Welche Frisur? Welche Eigenarten möchtest du haben? Wie, und mit welcher Stimme möchtest du sprechen? Auf welche Weise möchtest du lächeln?

Du kannst dein Selbstbild neu erschaffen. Wie soll dein Gang sein? Wie möchtest du zuhören können? Wie sollen die Bewegungen deines Gesichtes und deiner Hände sein?

Kreiere das Bild, so wie du es willst. Arbeite eine Woche, zwei Wochen, zwei Monate für dieses neue Bild und beobachte, wie deine Gedanken und Gefühle dir dabei helfen, dieses neue Selbstbild zu erlangen.

Wenn du alleine bist, kannst du die Übung in fünfzehn oder zwanzig

Minuten machen. Achte auf die kleinsten Einzelheiten. Gehe langsam voran. Springe nicht von einem Teil deines Selbstbildes zum anderen. Was immer du tust, tue es perfekt, in jeder Hinsicht mit jedem Mal ein bisschen besser, als vorher. Du wirst erstaunt sein, auf welche Weise dich die verschiedensten ätherischen, emotionalen und mentalen Kräfte dabei unterstützen werden, dein Selbstbild zu verändern.

Versuche jeden Tag so zu leben, als würde sich dein Selbstbild verändern, und die Menschen um dich herum auf eine neue Weise ansprechen. Die Menschen sehen und fühlen die Veränderung, die in dir vor sich geht.

– Nachdem du diese Übung drei bis sechs Monate lang praktiziert hast, wende dich der nächsten kreativen Übung zu, und arbeite mit ihr weitere drei bis sechs Monate.

Ich habe Künstler gesehen, die zwei bis vier Jahre an ihren Bildern, Skulpturen und Bildhauerarbeiten gearbeitet haben, doch die beste Kreativität, ist die Kreativität, die an dir selbst arbeitet. Du musst dich neu erschaffen. Das ist die größte Wertschätzung für dich selbst. Das ist die größte Hilfe für dich selbst. Das ist die größte Hilfe für dich selbst, auf dem Weg deiner spirituellen Entwicklung.

Kapitel Sechs *Kreativität*

Übung 2

Deine Arbeit neu erschaffen

1. Ziehe dich jeden Tag für zwanzig, dreissig Minuten zurück und erschaffe deine Arbeit neu oder kreiere eine ganz neue Arbeit für dich.

Betrachten wir deine tägliche Arbeit und lasse uns folgendes visualisieren:

a) ihre Verbesserung

b) ihre Ausdehnung

c) sie so gestalten, dass sie ein wirklicher Dienst an der Menschheit wird

d) sie so gestalten, dass sie ein wirklicher Dienst für den »Plan der Großen« wird

Dann wirst du alle Energien in die Aktion bringen, die deine Wünsche und Pläne in die Realität umwandeln werden.

Du wirst überrascht sein, dass je mehr Arbeit du bekommst und je mehr sie sich erweitert und ausdehnt, du auch durch kreative Veränderungen hindurchgehst. Neue Talente, neue Inspirationen, neue Fähigkeiten werden sich in dir zeigen und dich in die Lage versetzen, mit der Ausdehnung deines Arbeitsfeldes umzugehen.

Das ist eine fantastische Methode um dich erfolgreich zu machen, doch du musst in deinem Visualisierungsprozess »langsam aber sicher« vorgehen. Du musst die Veränderungen deines Tätigkeitsfeldes in ihrer Gesamtheit wahrnehmen: die Angestellten, die Art und Weise, wie sie arbeiten und die gesamte Beziehung deiner Arbeit mit der Welt.

Hab' keine Eile. Betrachte jeden Tag als eine Möglichkeit, deine Arbeit in eine größere, bessere Arbeit zu verändern. Gehe schrittweise vor. Es spielt keine Rolle, welche Arbeit es ist. Versuche sie zu verbessern und zu perfektionieren. Visualisiere, wie du sie praktisch verbesserst. Nimm alle Phasen deiner Arbeit. Vergiss niemals auch nur einen einzigen Aspekt. Sieh, wie sich dein neues Selbstbild verhält, während du deine Arbeit neu definierst und neu erschaffst.

Wenn du die Form deiner Arbeit verändern möchtest, dann visualisiere eine komplett neue Tätigkeit. Beginne mit dem kleinsten Detail und baue Schritt für Schritt darauf auf, bis du die Ebene erreichst, die du dir gewünscht hast.

Die Kreation des Lebens braucht Visualisierung und Willen – oder ein starkes Verlangen oder die Anerkennung dessen, dass es Bedürfnisse gibt und die Bereitschaft, diese Bedürfnisse zu erfüllen – ständige Verbesserung und Expansion.

2. Kreiere ein neues Büro

Du hast ein Büro. Ein Platz von dem aus du dein Geschäft führst, deine Arbeit leitest, deine Tätigkeit. Was und wo auch immer es ist, visualisiere nun ein ideales Büro, das mit allem ausgestattet ist, was du brauchst, um erfolgreich arbeiten zu können.

a) Tisch – Verbessere oder kreiere ihn dir täglich neu.

b) Aktenschränke – Bringe sie in Ordnung, damit du nicht mit dem Suchen von Dokumenten zu viel Zeit verlierst.

c) Maschinen – Sie sollten immer arbeitsbereit sein.

d) Stühle, andere Objekte – Arrangiere alles sinnvoll, so dass du nicht in deiner Arbeit behindert wirst.

Mach alles sauber und bringe alles auf den neuesten Stand.

Natürlich brauchst du Geld, Raum, Helfer, aber das wirst du mit Hilfe deiner Visualisierung erlangen.

Wenn die Gedankenform deines neuen Büros vollendet ist, und

durch deine Visualisierung verändert wurde, dann wirst du erstaunt sein, wie eines Tage die objektive Wandlung vor sich gehen wird, und all das manifestiert wird, was du visualisiert hast.

Die Visualisierung baut den Prototyp, der bald genau zum richtigen Zeitpunkt in deinem Leben materialisiert wird. Mach dir keine Sorgen über die Materialisierung deiner Visualisierung. Das einzige, was du tun musst, ist auf eine Weise zu Visualisieren, als hättest du wirklich sämtliche Mittel unter deiner Kontrolle. Der Rest liegt in den Händen der Energien und Gesetze des Universums.

3. Schaffe eine neue Gruppe von Schülern, Arbeitern, Freunden, Helfern, die dich bei deinem Plan der Menschheit zu helfen, unterstützen werden, in welcher Form auch immer du es dir wünschst.

Eine Gruppe um dich herum zusammenzustellen, erfordert die geduldige Arbeit der Visualisierung. Wähle die Individuen aus. Visualisiere diejenigen Charakterzüge, die sie haben sollen. Kreiere Regeln für diese Gruppenformation. Gib ihnen verschiedene Aufgaben (lernen, zusammenstellen, konstruieren, lehren). Sieh, wie sie ihre Arbeit immer besser und besser verrichten. Sieh, wie sich deine Gruppe zu einer kraftvollen, einflussreichen Gruppe in der Welt entwickelt. Sieh die Mitglieder dieser Gruppe wie sie Vorlesungen halten, schreiben, publizieren, singen, Musik machen. Sieh, wie sie das Bewusstsein der Öffentlichkeit beeinflussen.

Statte sie aus mit den neuesten Maschinen und Anlagen, Computern, Faxen, CD-Roms, Wörterbüchern und anderen notwendigen Ausrüstungen. Sieh, wie Verlage und Vertriebe von ihr angezogen werden.

Geh langsam vor. Verliere dich nicht in Tagträumereien, sondern mach es real und praktisch. Erschaffe den gesamten Prototyp mit perfekter Technik, so wie ein ganzes Gebäude korrekt gebaut werden muss, um seinen Zweck zu erfüllen.

Realisiere, dass deine zukünftige Gruppe genau von der Art sein wird, die du durch deine Visualisierung vom Universum verlangt hast. »Bitte und frage, und es wird dir gegeben werden.« sagte der Große Lord.

Visualisierung ist ein Akt des Fragens in die Mentalebene hinein. Eine sehr kraftvolle Art eine Frage zu stellen. Tue es sechs Monate lang, zwanzig bis dreissig Minuten am Tag.

Manchmal werden deine affigen Emotionen sagen: »Verschwende deine Zeit nicht. Du kannst lieber Fernsehen schauen; du kannst zu einer Dinnerparty gehen; du kriegst Besuch; du kannst schwimmen gehen; du musst jetzt losgehen ... «. Dieser ganze Müll kann dich aus der Fassung bringen. Sag' deinem affigen Verstand, dass du die Entschlossenheit hast jemand zu sein, und dass du derjenige sein wirst, der du sein möchtest.

Sogar dein Karma kann sich dir nicht in den Weg stellen. Es würde ein ungesetzlicher Vorgang sein, dir im Weg zu stehen. Dein Karma kann Hindernisse verursachen, ganz bestimmt auch Schwierigkeiten, doch wenn du deine Entschlossenheit zeigst, dann wird es dir zur Seite stehen. Karma will deine Hindernisse zerschlagen und sich in deinem Leben als siegreich erweisen.

Übung 3

Gesundheit und Glück

Nutze deine Visualisierung für deine Gesundheit und für dein Glück.

– Für die Dauer von sechs Monaten visualisiere täglich, dass du der gesündeste Mensch bist. Visualisiere deinen Körper, die Organe, das gesamte Drüsensystem und denke daran, wie sie besser arbeiten und ihre Funktion optimieren. Sieh, wie sie revitalisiert sind, mit Energie aufgeladen, perfekt.

– Sieh, wie das Lymphsystem allen Müll aus deinem Körper heraustransportiert. Visualisiere, wie dein Blut alle feindseligen Elemente zerstört. Sieh alle deine Organe, wie sie eine perfekte Form aufweisen. Sieh, wie die Lebensenergie durch deinen Köper zirkuliert, durch deine Gefühle und deinen Geist.

– Visualisiere, dass dein Körper sich in perfekter Balance mit den Kosmischen Energien befindet. Widme deinen Körper und deine Gesundheit dem Dienst am Plan Gottes, dem Dienst an der Menschheit.

– Visualisiere, wie du mit der besten Gesundheit und der besten Energie läufst, rennst, schwimmst und tanzt. Wenn du es richtig machst, dann bringst du alle regenerativen Energien der Natur in Aktion, die dich zu einem dynamischen, kraftvollen und gesunden Individuum machen werden, dessen einzige Absicht es ist, die Freude zu haben, der Menschheit dienen zu können.

– Visualisiere, wie du dich in strahlender Gesundheit und Energie bewegst.

Lies die Bücher »*New Dimensions in Healing*« und »*Sex, Family, and the Woman in Society*«. Diese Bücher werden dir helfen, eine bessere Visualisierung zum Thema Gesundheit zu machen.

Kapitel Sieben

Präsenz

Übungen

Über Präsenz

Dieses Kapitel soll dir bewusst machen, dass du für alle sichtbar bist und beobachtet wirst. Es wird in dir verschiedene Bewusstseinszustände hervorrufen, die sehr konstruktiv und kreativ sein können.

1. Visualisiere dich in der Gegenwart deines Sonnenengels, der ein feuriges Wesen ist, ein Nirvani, welcher von anderen Ebenen oder Sonnensystemen her kommt. Stelle Ihn dir vor als den »Eingeweihten aller Grade«, wie der Tibetische Meister es formuliert. Vergrößere dein Wissen über den Sonnenengel, indem du unsere Publikation »*Der Sonnenengel*« liest.

Es ist von entscheidender Bedeutung, dass du durch den Visualisierungsprozess einen realen, direkten Kontakt mit Ihm herstellst. Visualisiere Ihn in der Form, die dir am meisten zusagt, und sei in seiner Gegenwart. Nicht nur indem du visualisierst, dass du in seiner Gegenwart bist, sondern auch indem du visualisierst, dass du alles machen kannst, was du willst in seiner Gegenwart. Du kannst dich mit Ihm unterhalten, Seine Glorie bestaunen, Ihn über sein Privatleben ausfragen, Seine Erwartungen an dich herausfinden und so weiter. Diese Visualisierung wird nicht emotional sein oder auf Astralebene stattfinden, denn auf dieser Ebene gibt es viele Wesenheiten, die sich geschickt verkleiden, an dich herantreten und dich glauben machen, sie seien dein Sonnenengel. Bevor du mit der Visualisierung beginnst, solltest du dich auf der »höheren Mentalebene« fokussieren, und immer in einem Zustand von vernünftigem Denken und Logik bleiben. Möglicherweise wirst du einige Attacken von niederen Wesenheiten spüren, doch je mehr Erfahrung du hast, umso schneller wirst du sie abwehren können. Die meiste Zeit ist es dein Sonnenengel, der diese Wesenheiten vertreibt.

Praktiziere diese Visualisierung für die Dauer von vier Monaten. Mach den Sonnenengel in deinem Leben real. Sieh, wie Sein Leben dich durch deine eigenen physischen, emotionalen und mentalen Beziehungen führt. Du wirst bald einen großen Unterschied sehen, zwischen deiner Vergangenheit und deiner Gegenwart.

Du wirst dich erhoben fühlen auf eine neue Bewusstseinsebene, und du wirst in der Lage sein auf dein vergangenes Leben zurückzublicken und zu sehen, wie du gefangen warst in Lastern und Problemen, wie du dein Leben unnütz vertan hast mit sinnlosen Aktivitäten. Nach einigen Monaten solltest du mit dem zweiten Schritt der Übungen zur Präsenz fortfahren.

2. Sei in der Präsenz deines Meisters, der dich auf deinem Weg begleitet. Sieh/Erkenne, wer Er ist, was Er von dir erwartet, wie nah du Ihm bist. Das ist eine fantastische Art der Übung, die den Kontakt zwischen dir und deinem realen Meister, der in dieser Welt lebt, aufbaut.

Visualisiere, wie du dich mit Ihm unterhältst, wie du in seiner Gegenwart lebst und agierst. Versuche, den Unterschied zwischen Ihm und deinem Sonnenengel herauszufinden. Praktiziere das täglich für die Zeit von vier Monaten, so lange, bis seine Präsenz in deinem Leben zur Realität wird. Vermerke in deinem Tagebuch alle deine Erfahrungen mit Ihm.

An dieser Stelle können sich viele Dunkle Kräfte einmischen und sich als dein Meister ausgeben. Nutze deine Unterscheidungskraft. Lies »*Letters on Occult Meditation*« und »*The Externalisation of the Hierarchy*« um mehr Informationen über den Meister zu bekommen. Lies auch »*Supermundane*«.

3. Visualisier, wie du in einem Ashram bist, wo einer der
Großen lehrt. Visualisiere täglich, wie du an den Vorlesungen
oder Instruktionen teilnimmst. Lerne, was ein Ashram ist,
und wie er funktioniert. Nutze deine Visualisierung.

Zu Beginn könntest du einige Schwierigkeiten haben Gespräche oder Instruktionen, die in einem Ashram stattfinden oder gegeben werden zu visualisieren, doch wenn du die Übungen der Visualisierung beständig praktizierst, dann wirst du diese Schwierigkeiten überwinden. Eines Tages wirst du sogar das Gefühl haben, dass du wirklich in einem Ashram gewesen bist und du wirst dich auch an einige Sätze erinnern, die du dort gehört hast. Erinnere dich daran, dass du mit Hilfe deiner Visualisierung alles in die Realität bringen kannst. Glaube an deine Visualisierung.

4. Visualisiere, wie du gemeinsam mit der Hierarchie arbeitest,
wie du in ihr arbeitest. Das ist der höchste Weg, dein gesamtes
Leben zu transformieren und grundlegende Veränderungen
in deinem Charakter zu erreichen.

Ich überlasse es dir, wie du diese Übung praktizieren willst, entsprechend deiner Wahl und deinem Bewusstseinszustand. Vergiss jedoch nicht, dass du unbedingt mehr über die Hierarchie wissen musst. Am besten liest du dazu die Bücher »*Initiation, Human and Solar*«, »*The Externalisation of the Hierarchy*« und »*Supermundane*«.

Nutze deine Visualisierung so gut du kannst, und verwende dabei die Informationen, die du aus den oben erwähnten Büchern erhalten hast. Praktiziere diese Übung täglich zwanzig Minuten lang für die Dauer von fünf Monaten.

5. Visualisiere dich selbst ohne alle deine Körper. Du kannst es auf die Weise tun, die dir am meisten zusagt. Lies »*Other Worlds*« und du wirst genug Information haben, diese Visualisierung machen zu können. Tue dies für die Dauer von zehn Minuten für jeden einzelnen Körper und praktiziere diese Übung sechs Monate lang.

6. Visualisiere, wie du von Stern zu Stern reist. Kreiere dir eine eigene Existenzebene und visualisiere auf die Weise, von der du meinst, es sei richtig so.

Zusammenfassung

Diese Übungen kannst du bis zu deinem Lebensende praktizieren. Sie werden dich heilen, erheben, stärken und erleuchten. Alle diese Übungen führen dich zur Selbsttransformation:

1. **Klarheit/Reinheit** führt zu Erleuchtung.

2. **Organisation** führt zu Gesundheit.

3. **Ausstrahlung** entwickelt deinen Willen und wehrt gefährliche Attacken ab.

4. **Kreativität** etabliert Beziehungen mit anderen und höheren Welten.

5. **Präsenz** führt zur Aktualisierung des Seins.

6. **Freiheit** von den Körpern zerstört die Furcht vor dem Tode.

7. **Reisen** vernichtet den Druck von Zeit und Raum.

Index

A

Abendrückblick, 62

Angst
   und Bezug zu den Übungen, 38

Arbeit
   und Neuerschaffung
   mit Hilfe der Übungen, 71

Ashrams
   und Visualisierung von, 79

Astralkörper
   und Reinigung von
   anhaftenden Flecken, 43
   und Ähnlichkeit mit Wasser, 43
   als Hure, 29
   als Ursache von Krankheiten, 27
   Reinigung des, 22

Aura, 7

Ausstrahlung, 13, 81

B

Bewusstsein
   und Effekt der Übungen, 35

Büro, neues
   Kreation dessen, 72

C

Chirurgie,
   spirituelle, 25

D

Denken
   und die Lebensumstände, 8
   und Verbindung zur Seele, 10
   und Karma, 62
   als Hilfe zum Überleben, 9

Denken im Herzen
   und sein, 39

Denkprozess
   definiert, 8

Depression, 29

Dramatisierung
   der Gedanken, 10

Druck, 13

E

Ego, 45

Eifersucht (und Laster)
   Reinigung von, 23

Eine Selbst
   Bewusstheit dessen, 65

Eitelkeit, 46

Energien
   Assimilierung von, 7

Energien, feine
   und Visualisierung, 14

Erschaffung des Lebens
   und Bedürfnisse des, 72

F

Fanatismus, 46

Farben, Nutzung von
und Übungen mit, 51

Freiheit, 81

G

Gedanke
und Veränderung der Frequenz von Elementen, 41

Geist
und Gehorsam dir gegenüber, 41

Geschäft
als Denkprozess, 9

Geschichte:
von Torkom Saraydarian wie er seinen Körper verließ, 43

Gesetz, des Einen Selbst, 67

Gier, 46

Gruppe, neue
Kreation einer, 73

H

Hierarchie
Visualisierung der, 79

I

Initiation
künstlich geschaffen, 37

K

Karma und der Prozess der Veränderung, 37
Reinigung des, 62

Karmische Hindernisse
und Zielgerichtetheit, 74

Kathedralen
Bauprozess, 15

Kelch, 47

konditionieren, definiert, 63

Körper, drei
Eigenschaften von, 29

Krankheit
und das Gegenmittel in den Körpern, 30

Krankheit
als Chance, 9
astral, 25

Krankheit, physisch
und der Astralkörper, 24

Kreative Fantasie, 10

Kreative Visualisierung, 11

Kreativität, 13, 81

Kreativität, die beste
und Selbst-Kreativität, 70

Krebs, 42

L

Laster
als Wesenheiten, 22
als Flecken, 22

Lesen
  Ergebnis von, 7
Liebe-Mitgefühl
  in der Übung genutzt, 36
Liebe-Wasser, 30

M

Materialismus
  und die aufgehaltene Evolution, 44
Mentale Gedankenformen
  und Übungen, 48
Mentalkörper
  Flecken in, 45
  Reinigung, 45
Musik
  »Grand Canyon«, 10

O

Organisation, 13, 81

P

Probleme
  und Denken, 9
Prototyp und Visualisierung, 73

R

Reinheit, 81
Reinigung, 13
  und Initiation, 37
  und Tendenz zum Missbrauch, 35
Reisen, 81

S

Schuld, 29
Seele,
  menschliche, 8
  Kräfte der & Vorstellung, 10
  Kräfte der & Denken, 8
  Kräfte der & Visualisierung, 11
Separatismus, 46
Sich selbst missbrauchen
  und Reinigung, 34
Sonnenengel
  Übung ihn zu kontaktieren, 77

U

Universität
  und warum man sie bauen sollte, 39
Übungen:
  und Noten im Gebrauch
  des AUM, 63
  Dauer von, 42
Übungen:
  AUM
    Drei Körper aufladen
    – Erste Serie, 51
    Gebrauch der Farben
    – Zweite Serie, 53
    Integration der drei Körper
    – Dritte Serie, 54
    Drei Farben, drei Körper
    – Vierte Serie, 58
  Freiheit von den Körpern, 80
  Kreieren eines neue
  Selbstbildes, 69
  Elektrisches Wasser/Reinigung

des Mentalkörpers, 45

Liebe-Wasser/Reinigung des Astralkörpers, 31

Anwesenheit in Ashrams, 79

Zusammenarbeit mit der Hirarchie, 79

Präsenz des Meisters/erbauen des Kontaktweges, 78

Präsenz des Sonnenengels/ und die Veränderung des Bewusstseins, 77

Neuerschaffen deiner Arbeit, 71

Reisen im Raum, 80

Das Selbst, 65

Visualisierung der Körper/der Gesundheit aller Körperteile, 75

Wasserfall/
  Reinigung des Astralkörpers, 22
  Reinigung des physischen Körpers, 17
Siehe hierzu auch das Inhaltsverzeichnis

Übungen:
  und Beschleunigung der Evolution, 37
  und Reinigung von Flecken, 62
  und was man tun und nicht tun sollte, 40
  und innere Visualisierung, 41
  und die Höhe des Nutzens, 8
  und mentale Verschiebung, 40
  und Zustand der Bewusstseins, 48
  Effektivität von, 35
  Effekte der, 68
  wie man sie macht, 61
  Timing (Wahl des Zeitpunktes) und Dauer, 67

V

Vergangene Leben, 62

Vergegenwärtigen von Wissen, 7

Visualisierung, 11
  und Brückenbau, 49
  und Bauen, 15
  und Kreation, 15
  und Ausrichten von Energie, 49
  und Materialisierung, 73
  und Antwort der Natur, 12
  und Prototyp, 73
  und das Verfeinern von Energien, 14
  versus kreative Vorstellung, 38

W

Wasser
  als Feuer, 24

Wasser als Liebesenergie, 23

Z

Zivilisation
  und Denken, 8

Zuhören
  Ergebnis des, 7

Zukünftige Welt
  als Denkprozess, 8

Dieses Booklet ist eine Abschrift eines Seminares, welches Torkom Saraydarian abgehalten hat.

Die Bücher des Autoren werden überall auf der Welt von all jenen genutzt, die auf der Suche sind nach einem ausgeglichenen Leben, basierend auf den Lehren der Zeitlosen Weisheit. Sie sind eine Quelle der Inspiration.

Torkom Saraydarian verbreitete ein Leben lang unermüdlich seine Botschaft der Liebe und der wahren Vision. Er hielt Vorträge und veranstaltete Seminare in den USA als auch in anderen Teilen der Welt.

Über den Autor

Torkom Saraydarian (1917–1997) wurde in Kleinasien geboren. Seit seiner Kindheit wurde er in den Lehren der »Zeitlosen Weisheitslehren« trainiert.

Er besuchte Klöster, antike Tempel und Mysterienschulen um Antworten zu finden auf seine brennenden Fragen über das Mysterium Mensch und Universum. Er lebte mit Sufis, Derwischen, christlichen Mystikern und Meistern der Tempelmusik und des Tanzes. Sein musikalisches Training beinhaltete das Spiel der Violine-, Piano-, Oud-, Cello- und Gitarre. Es waren lange Jahre der Disziplin und des Dienstes nötig, um die Zeitlosen Weisheitslehren von ihren wahren Quellen her zu studieren. Meditation wurde zu einem festen Bestandteil seines Tagesablaufes und Dienst ein natürlicher Ausdruck seiner Seele.

Torkom Saraydarian widmete sein ganzes Leben dem Dienst am Nächsten. Seine Schriften, Vorträge und seine Musik zeigen seine totale Hingabe an die »Höheren Prinzipien«, Werte und Gesetze, die präsent sind in allen Weltreligionen und Philosophien. Diese Arbeiten repräsentieren eine Synthese vom Besten und Schönsten aller Heiligen Kulturen der Welt und bereichern das Fundament auf dem wir unsere Zukunft kreieren.

Torkom Saraydarian schrieb eine große Anzahl von Büchern, viele davon wurden bereits publiziert. Alle seine Bücher werden fortwährend weiter publiziert. Einige davon wurden bereits ins Armenische, Deutsche, Italienische, Spanische, Portugiesische, Griechische, Holländische und Dänische übersetzt.

Er hinterließ der Menschheit einen reichen Nachlaß von Schriften, sowie auch musikalische Kompositionen zur Erbauung für viele noch kommende Jahre. Für weitere Informationen und Interviews besuchen Sie bitte unsere Website: **www.tsgfoundation.org**, oder rufen Sie uns an für gedruckte Informationsbroschüren.

Andere Bücher von Torkom Saraydarian

- The Ageless Wisdom
- The Aura
- Ashrams
- Avatars: Revelations of God
- Battling Dark Forces
- The Bhagavad Gita
- Breakthrough to Higher Psychism
- Buddha Sutra – A Dialog with the Glorious One
- Challenge for Discipleship
- Christ, the Avatar of Sacrificial Love
- A Commentary on Psychic Energy
- Cosmic Shocks
- Cosmos in Man
- The Creative Fire
- The Creative Sound: Sacred Musik, Dance, and Song
- Dialogue with Christ, 2nd Ed.
- Dynamics of the Soul
- Dynamics of Success
- Education as Transformation, Vol. 1
- Education as Transformation, Vol. 2
- The Eyes of Hierarchy
- Flame of Beauty, Culture, Love, Joy
- The Flame of the Heart
- From My Heart – Volume 1 (Poetry)
- Glossary, A Concordance of Torkom Saraydarian`s Works
- Hiawatha and the Great Peace
- The Hidden Glory of the Inner Man
- Initiation: The Path of Living Service
- I Was
- Joy and Healing
- Karma and Reinkarnation
- Leadership Vol. I
- Leadership Vol. II
- Leadership Vol. III
- Leadership Vol. IV

- Leadership Vol. V
- Legend of Shamballa
- The Mystery of Self-Image
- The Mystery of Willpower
- New Dimensions in Healing
- Obsession and Possession
- Olympus World Report ...The Year 3000
- One Hundred Names of God
- Other Worlds
- The Psyche and Psychism
- The Psychology of Cooperation and Group Consciousness
- The Purpose of Life
- The Science of Becoming Oneself
- The Science of Meditation
- The Sense of Responsibility in Society
- Sex, Family and the Woman in Society, 2nd Ed.
- The Solar Angel
- The Solar Angel II
- Spiritual Regeneration
- Spring of Prosperity
- The Subconcious Mind and the Chalice
- Symphony of the Zodiac
- Talks on Agni, Vol. 1
- Talks on Agni, Vol. 2
- Talks on Agni, Vol. 3
- Teaching the Ageless Wisdom
- Thought and the Glory of Thinking
- Transformation: Methods for the Transformation of Life
- Triangles of Fire
- Unusual Court
- Woman, Torch of the Future, 2nd Edit.
- The Year 2000 and After

Booklets
- The Art of Visualisation – Simply Presented
- The Chalice in Agni Yoga Literatur
- A Daily Discipline of Worship
- Daily Spiritual Striving
- Discipleship in Action

- Earthquakes and Disasters –
  What the Ageless Wisdom tells us
- Entering the New Millenium
- Fiery Carriage and Drugs
- Hierarchy and the Plan
- How to Find Your Level of Meditation
- Irritation – The Destructive Fire
- Mental Exercises
- Nachiketas: The Ceremony of Immortality
- Practical Spirituality
- Prayers, Mantrams and Invocations
  (Includes Five Great Mantras of the New
  Age) Questioning Traveler and Karma
- Synthesis

Familienserien:
- Cooperation
- Duties of Grandparents
- Family Relations
- For Men
- For Women
- Ideal Marriage
- Responsibility
- Responsibility of Fathers
- Responsibility of Mothers
- Success
- The Heart of Your Partner
- Women as Torchbearers

Booklets:
Excerpte & Kompilationen
- Angels and Devas
- First Steps Toward Freedom

**Booklets kostenfrei im Internet
oder auf Wunsch ausgedruckt:**
- Cornerstones of Health
- Earrings for Business People
- Inner Blooming
- New Beginnings
- Saint Sergius

- Courage
- Solemnity

Musik:
- A Touch of Heart
- Dance of the Zodiac
- Far Horizons
- Fire Blossom
- Infinity
- Lao Tse
- Let My Dreams Come True
- Light Years Ahead
- Lily in Tibet
- Misty Mountain
- Piano Composition
- Rainbow
- Spirit of My Heart
- Sun Rhytms
- Tears of My Joy
- Toward Freedom
- 1994 Annual Convention Special Edition
  - Synthesizer Music

Video- und Audio-Vorlesungen
- The Seven Rays Interpreted
- Why Drugs Are Dangerous

Video auf VHS und PAL. Mitschnitte auf Kassette und CD.
Eine vollständige Liste der Vorträge auf Video und Kasetten finden Sie online.

Der vollständige gedruckte Katalog ist auf Nachfrage erhältlich und auch online zu finden unter:

www.tsgfoundation.org
info@tsgfoundation.org
Tel.: 001 480 502-1909

Über den Herausgeber

T.S.G. Publishing Foundation, Inc. ist eine gemeinnützige, von der Steuer befreite Organisation. Gegründet am 30. November 1987 in Los Angeles, California, und umgesiedelt am 1. Januar 1994 nach Cave Creek, Arizona.

Unser Beweggrund ist es einen Pfad der Selbsttransformation zu bilden. Wir haben uns völlig der Herausgabe von Torkom Saraydarians kreativen Schriften und Arbeiten, dem Lehren und dem Vertrieb seiner kreativen Arbeiten gewidmet. Unser Buchladen in Cave Creek und unser Online Buchladen www.tsgfoundation.org offeriert Ihnen die komplette Sammlung der kreativen Arbeiten von Torkom Saraydarian frei zum Verkauf und Vertrieb. Unsere Zeitung »Outreach« beinhaltet Artikel, die zum Nachdenken provozieren. Sie ist gedruckt, sowie auch auf unserer Website als freie Email Mitteilung erhältlich. Wir leiten wöchentliche Studienklassen, spezielle Trainingsseminare und Studien- und Meditationskurse, die man von zu Hause aus praktizieren kann.

Gita Saradayrian, Gründerin der TSG Publishing Foundation, Inc. USA und der Torkom Saraydarian University bereist Europa und hält Seminare und Vorträge. 2006 und 2007 wurden in Deutschland/im Raum Frankfurt am Main zwei Familienseminare abgehalten. 2008 und 2009 folgte ein Seminar in der Schweiz, 2009 und 2010 jeweils ein Seminar in Österreich. Weitere Seminare im Themenbereich der »Zeitlosen Weisheitslehren« mit Gita Saraydarian sind in Planung. In den USA, an verschiedenen Orten finden jährlich mehrere Seminare mit Gita Saraydarian statt, unter anderem jedes Jahr im Frühling das Wesakseminar und Retreat in Arizona, Cave Creek.

Für weitere Informationen zu Seminaren mit Gita Saraydarian: **www.tsgfoundation.org**.

T.S.G. Publishing Foundation ist eine Organisation, die ohne Profit arbeitet und von der Steuer ausgenommen ist.

Wir verstehen uns als ein Pfad zur Selbst-Transformation. Wir bieten Bücher, Audio- und Video-Kassetten, Klassen und Seminare als auch Kurse für Zuhause an, die auf den Werten und höheren Prinzipien der Zeitlosen Weisheit basieren. Diese wunderbaren Bücher wurden mit Hilfe von großzügig Spenden der Studierenden der Zeitlosen Weisheiten publiziert. All jenen gilt unsere tiefe Dankbarkeit.

Torkom Saraydarian Book Publishing Fund

Torkom Saraydarian widmete sein ganzes Leben dem Dienst am Nächsten und dessen spirituellem Wachstum. Am Ende seines Lebens waren es bereits 100 Manuskripte, die geschrieben und vorbereitet waren zur Publikation. Diese Arbeit stellt ein nahtloses Gewebe der Weisheit dar. Wir haben uns der Herausgabe der kompletten Sammlung angenommen.

Torkom Saraydarian hatte ein einzigartiges Wissen, und die Hingabe in einem einzigen Leben all diese wunderbaren Bücher zu schreiben. Nun ist es an uns diese Arbeit zu tun. Zusammen können wir seinen Traum Realität werden und seinen Nachlass Wirklichkeit werden lassen.

Unser Bestehen fundiert auf den Einnahmen der herausgegebenen Bücher. Ein spezieller Fund, »*The Torkom Saraydarian Book Publishing Fund*« wurde etabliert um seinen Nachlass zu vervollständigen. Kontaktieren Sie uns zu genaueren Information über den »*Book Fund*« und der Aktualisierung der verbleibenden Manuskripte.

Als wir begannen dieses Buch zu drucken, hatten wir noch 75 unveröffentlichte Titel! Wir brauchen Ihre Hilfe, um diesen »Schatz des Wissens« herauszubringen. Sie können zum Fond eines vollständigen Buches beitragen oder einem gewissen Betrag Ihrer Wahl auf kontinuierlicher Basis oder einem einmaligen Beitrag leisten. Vielen Dank für Ihre, Eure liebende und beständige, fortwährende Unterstützung.

Die Torkom Saraydarian Universität

Torkom Saraydarian träumte von einem Trainingszentrum. Oftmals nannte er es »die Universität«, wo Männer und Frauen in der Theorie und der Anwendung der Höheren Prinzipien und Werte der »Zeitlosen Weisheitslehren« trainiert werden. Er nannte solch eine höhere Ausbildung »Aquarian Education«. Kontinuierlich ermutigte er seine Studenten Institutionen dieser Art in der Zukunft zu gründen.

> »*Es besteht ein wachsender Bedarf an Führung auf dem Feld esoterischem Wissens. Mehr und mehr Menschen sind desillusioniert mit den Lehren der Opportunisten, desillusioniert durch Menschen, die zwar gute Absichten haben, aber dennoch voller Verblendung und Eitelkeiten sind, oder desillusioniert durch Menschen, die die Lehren benutzen als Geschäft, einzig allein um Geld zu machen.*

Großer Schaden wird Menschen zugefügt, die sich dem Teaching, den Lehren mit Aufrichtigkeit im Herzen nähern, aber gefangen werden in Gruppen, Institutionen, die als Ausbeutungsfalle funktionieren. Einige dieser Sucher vergessen allmählich ihre Suche und passen sich ihrer Umgebung an. Einige unterdrücken ihre Bemühung und ihr Streben vollständig, weil sie so sehr desillusioniert sind. Nur ein kleiner Prozentsatz, durch Unterscheidungskraft, führen ihre Suche fort, ein sauberes Feld zum Wachsen und Dienen zu finden. Die Zahl der wahren Sucher vergrößert sich. Wir müssen uns vorbereiten, die Bedürfnisse erfüllen zu können, und in der Zwischenzeit nicht in die Falle der Eitelkeiten und Verblendungen geraten, oder die Sucher für unsere eigenen Interessen zu benutzen.«

Aus Torkom Saraydarian, *Leadership I*, Seite 16.

Unser erster Trainingskurs wurde im September 2000 abgehalten. Wir haben Studienklassen online, sowie auch in Form von Korrespondenz. Für weitere Informationen zu unseren Studienkursen und zur Online Registrierung besuchen Sie bitte unsere Website:

www.TorkomSaraydarianUniversity.org oder schreiben Sie uns.

Bestell-Informationen

Die gesamte kreative Arbeit und die Produkte von T.S.G. sind zum Verkauf erhältlich bei **www.tsgfoundation.org**. Zur zusätzlichen Information:
- kompl. Liste der Lehrkassetten und Videos
  ($ 2 für jede Liste – frei erhältlich auf unserer Website)
- Plazierung auf unserer Mailingliste für kontinuierliche Aktualisierungen.
- Eine freie Kopie unserer Zeitung »*Outreach*« (letzte Ausgabe, plus archivierter Kopien erhältlich auf unserer Website)
- Schliessen Sie sich unserem Buch-Club an, ohne Gebühr. (Erhalten Sie 20 Prozent Erlaß auf jede Neuerscheinung von Torkom Saraydarian. Jedes Buch wird automatisch an Sie gesandt, sobald es erscheint.) Senden Sie uns Ihre Genehmigung zu, Sie im »Buch-Club« aufnehmen zu dürfen. Zusätzliche Kopien von »Mental Exercises« (englisches/amerikanisches Original) U.S. $ 6,00.
- Kontaktieren Sie uns wegen der Verschiffungs- und Beförderungsgebühr. Für internationale Bestellungen teilen Sie uns bitte mit, ob Sie Ihre Bestellung per Luftpost oder auf gewöhnlichem Postwege zugesandt haben möchten.

T.S.G. Publishing Foundation, Inc.
P.O. Box 7068, Cave Creek, Arizona 85327-7068, U.S.A.
Tel.: 001 480 502-1909, Fax: 001 480 502-0713

Bestellungen der deutschen Ausgabe »Mentale Übungen«:

- BOB BewusstseinsOrientierteBücher -
GbR Ursula Grossmann, Daniela Mohr,
Susanne Herzer, Thomas Herzer
Rappengasse 21
67365 Schwegenheim
Tel: +49 (0)6344-8622
E-Mail: info@bob-shop.online
www.bob-shop.online

Bücher in englischer Sprache können über
TSG Publishing Foundation, Inc. USA:
www.tsgfoundation.org bestellt werden.

Saraydarian, Torkom. Cave Creek, AZ: TSG Publishing Foundation, Inc.
»Buddha Sutra, A Dialogue with the Glorious One«
»New Dimensions in Healing«
»Thought and the Glory of Thinking«

Saraydarian, Torkom. Sedona, AZ: Starfire Recordings.
»Infinity«

Saraydarian, Torkom. Sedona, AZ: Aquarian Educational Group.
»The Science of Meditation«
»Sex, Family, and the Woman in Society«
»The Solar Angel«

Agni Yoga Society. New York: Agni Yoga Society.
»Supermundane, Vols. I, and II«

Bailey, Alice A. New York: Lucis Publishing Co.
»Externalisation of the Hierarchy«
»Initiation Human and Solar«
»Letters on Occult Meditation«

Alles das ist ebenfalls erhältlich durch T.S.G. Publishing Foundation, Inc.
Für weitere Informationen schreiben Sie oder rufen Sie uns an.